Peter Flume

PowerStories

PowerStories

Informieren, mitreißen und überzeugen
mit PowerPoint-Präsentationen

von Peter Flume

PUBLICIS

Bibliografische Information Der Deutschen Bibliothek
Die Deutsche Bibliothek verzeichnet diese Publikation in der Deutschen Nationalbibliografie; detaillierte bibliografische Daten sind im Internet über http://dnb.ddb.de abrufbar.

Für die Genehmigung zur Verwendung der Abbildungen in diesem Buch danken wir:
aw management consulting, Andreas Wenzlau, Emmendingen (Charts 9, 10, 14, 27)
egip Software AG, Starnberg (Chart 8)
Martin Bauer GmbH & Co. KG, Vestenbergsgreuth (Charts 16, 18, 20 bis 25)
Noel Scott Hendrickson, Vancouver (Chart 2)
PePP-Team, Hans Habegger, Aschaffenburg (Chart 26)
Publicis KommunikationsAgentur GmbH, GWA, Erlangen (Charts 1, 3 bis 6, 17, 19, 28)
rhetoflu, Peter Flume, Nürtingen (Charts 2, 13, 26, 30)
UVEX WINTER HOLDING GmbH & Co. KG, Fürth (Chart 7)
vitaminT – Theater und Training für Veränderung GbR, München (Charts 11, 12, 15, 29)

Die im Buch dargestellten Folien können aus technischen Gründen farblich von den Original-PowerPoint-Präsentationscharts abweichen.

http://www.publicis-erlangen.de/books

Lektorat: Dr. Gerhard Seitfudem, Publicis Corporate Publishing, Erlangen

ISBN 3-89578-212-2

Verlag: Publicis Corporate Publishing, Erlangen

Ladies and Gentlemen,

Präsent bedeutet „Geschenk". Sagt der Duden.
Und Geschenk bedeutet „Freude bereiten". Sage ich.

Präsentieren kommt von Präsent.
Eine Präsentation ist also ein Geschenk.
Ein Geschenk an die Zuhörer, an die Gäste,
an die Kunden, an die Mitarbeiter, an das werte Publikum.

Ganz ehrlich:
Haben Sie diese Gedanken bei der Vorbereitung Ihrer letzten Präsentation gehabt? War Ihr letzter Vortrag ein Geschenk? Haben Sie – unabhängig vom Inhalt – Freude bereitet? Und haben Sie sich selber gefreut?

Und ganz ehrlich:
Haben Sie bei der letzten Präsentation als Zuhörer das Gefühl gehabt, beschenkt zu werden?

Nein?
Aber genau darum geht's.
Freude bereiten mit gut aufgebauten Präsentationen.
Mit gut inszenierten Präsentationen.
Mit überzeugt vorgetragenen Präsentationen.

Überzeugend präsentieren heißt intelligent präsentieren – und damit den Zuhörern intelligent schenken. Und um intelligent schenken zu können, müssen Sie die Antwort auf folgende Fragen wissen, die für ein Präsentations-Geschenk genauso gelten wie für jedes andere Präsent:

- Was braucht der Empfänger, was könnte er gebrauchen?
- Wie teuer, wie aufwändig soll's denn sein?
- Soll's was nützliches sein, etwas, das der Empfänger behalten möchte?
- Und – last but not least: Wie verpack' ich das Geschenk?

Lange Jahre war ich unter dem Namen „Folien-Schneider" bekannt. Bereits in der „vor-ppt-Zeit" habe ich leidenschaftlich viele Folien durch Beschreiben und Bedrucken veredelt. Immer mit dem Wunsch, meine Zuhörer zu interessieren, zu informieren und auch zu aktivieren. Und mit dem Wunsch, den Zuhörern Freude zu bereiten – und mir auch.

Heute haben wir alle es so viel einfacher, Geschichten – unsere Geschichten – zu erzählen. Mit der Hilfe von Programmen wie PowerPoint ist es sehr, sehr einfach geworden, den Inhalt spannend und auch didaktisch aufzubereiten und zu verpacken. Das sind die guten Nachrichten. Die nicht ganz so guten: Es gibt noch kein Programm, das uns die Aufbereitung der Inhalte liefert, die Struktur, die Dramaturgie, die Begeisterung!

Das vor Ihnen liegende Buch hat es sich zur Aufgabe gemacht, genau diese Lücke zu schließen und damit das „Schenken-Präsentieren“ leichter zu machen. Und die Lust dazu zu aktivieren. Für mehr Erfolg, für mehr Freude und für mehr Spaß. Den haben wir uns nämlich alle verdient. Wir, die Zuhörer, und wir, die Präsentatoren.

Großen Dank an Peter Flume, der unsere gemeinsame Arbeit bei Seminaren und bei der Vorbereitung von Präsentationen mit diesem Buch dokumentiert hat. Ich wünsche mir, dass diese Arbeit mindestens dazu führt, dass viele – und auch Sie – mehr Lust am und beim Präsentieren haben werden. Alles andere kommt dann (fast) ganz von selbst. Versprochen. Und wenn Sie Hilfe brauchen: Ich kenn’ da zufällig eine Agentur …

Viel Spaß beim Schenken und beschenkt werden wünscht

Fritz Schneider
Geschäftsführer
Publicis KommunikationsAgentur GmbH, GWA, Erlangen

Vorwort

Als einer der ersten Trainer in Deutschland habe ich bereits zu Zeiten, als Beamer und PowerPoint in Unternehmen noch eine Seltenheit waren, und als Präsentationsfolien noch mit Harvard Grafics erstellt und für den Overheadprojektor ausgedruckt wurden, Seminare über das gekonnte Zusammenspiel zwischen elektronischem Präsentationsmedium und Redner gehalten. Bereits damals vermittelte ich den Teilnehmern, dass das Medium zwar eine gewisse Faszination ausstrahlt, die überzeugende Wirkung einer Präsentation jedoch nicht von animierten Texten und Cliparts ausgeht, sondern vom Referenten.

Mittlerweile ist die Präsentation mit Beamer und PowerPoint zum Standard geworden und die Funktionsvielfalt der Präsentationssoftware wurde immer weiter ausgebaut. Doch immer noch hängt es in erster Linie vom Vortragenden ab, ob eine Präsentation gelingt und vom Publikum angenommen wird. Verschwunden ist allerdings die Faszination, die anfänglich von den neuen und somit ungewöhnlichen Animationseffekten ausging und manchem Redner über die eigenen Vortragsschwächen hinweggeholfen hat. Doch damit war die Zeit reif dafür, um über neue andere Arten von Präsentationen nachzudenken, über neue Wege die Möglichkeiten der Präsentationssoftware zu nutzen und das Publikum für die zu präsentierende Inhalte durch ein faszinierendes Zusammenspiel von Referent und Medium zu begeistern.

Meine enge Zusammenarbeit mit der Kommunikationsagentur Publicis in Erlangen eröffnete mir dann die Möglichkeit in internen Seminaren zusammen mit den Kreativen neue Formen der Präsentation auszuprobieren und im Laufe der Zeit immer weiter zu optimieren. Neue Inszenierungskonzepte für die Präsentation mit und ohne PowerPoint wurden in den Trainings entwickelt und anschließend in der Praxis umgesetzt. Vortragskonzepte aus dem Bereich der klassischen Rhetorik wurden kombiniert mit Elementen aus meiner Improvisationstheaterarbeit und ergänzt um die Möglichkeiten plakativer PowerPoint-Präsentationen. Von dem was in dieser Zeit entwickelt wurde profitieren mittlerweile zahlreiche Präsentatoren aus unterschiedlichen Unternehmen, die an meinen Präsentationstrainings teilgenommen haben.

Den Anstoß dieses Wissen nicht nur in den Seminaren weiterzugeben, sondern dieses Buch zu schreiben erhielt ich letztendlich vom Fritz Schneider, dem Geschäftsführer der Kommunikationsagentur in Erlangen, der sich schon seit langem der Präsentation mit PowerPoint verschrieben hat und dem ich für einige besonders gelungene Beispiel in diesem Buch danke. Intensive Unterstützung bei der Zusammenstellung der weiteren Beispiele erhielt ich dann von den „Interactives" Wolfgang Madl, Verena Kohl und Sven Massanneck, wofür ich hier auch herzlich Danke sage. Ein weiterer Dank richtet sich an Andreas Wenzlau, Martin Bauer, Hans Habegger, meine Kollegen von vitaminT – Theater und Training für Veränderung, die Firmen egip und uvex, die Ausschnitte aus Ihren Präsentationen und Präsentationsvorlagen für dieses Buch zur Illustration freigegeben haben. Und nicht zuletzt danke ich meinem Lektor Gerhard Seitfudem, der dieses Projekt von Anfang an erstklassig betreut und mit seinen Ideen und Vorschlägen immer wieder dafür gesorgt hat, dass mir die Arbeit an diesem Buch stets Freude gemacht hat.

Viel Freude wünsche ich Ihnen nun ebenfalls, wenn Sie sich nach und nach in die Welt der PowerStories einlesen und Freude wünsche ich natürlich auch all denjenigen, die dann das Vergnügen haben werden, Ihre PowerStories zu hören.

Peter Flume
Nürtingen, März 2003

Inhaltsverzeichnis

1 **Präsentation mit Leidenschaft** **11**
Die Grundvoraussetzungen für erfolgreiches Präsentieren 12

2 **Ziele setzen** **13**
Was will ich mit der Präsentation erreichen? 13
Ziele formulieren 14
Wer ist die Audienz? 15

3 **Die Audienz analysieren** **17**
Vor wem präsentiere ich? 17
Hypothesen zur Zielgruppe 18
Hypothesen verifizieren 19
Sich ankündigen 20
Vorteile nutzen 21

4 **Sammeln – Elemente der Präsentation** **22**
Grundaussagen 22
Zahlen, Daten, Fakten 23
Emotionales Redematerial 24

5 **PowerStories – Der Kick für die Präsentation** **29**
Geschichten in Präsentationen 29
Analogien finden 30
Die Reise des Helden 33

6 **Der Name ist Programm** **41**
Ziel- und inhaltsorientiert titeln 41
Den passenden Titel finden 44

7 **Das Storyboard schreiben** **46**
Die Dramaturgie 46

8 **Das Storyboard skizzieren** **58**

9 **Die Audienz einbeziehen** **60**
Eintrittskarte mit Bedeutung 61
Der Legoturm 62
Quiz 64
Touch, taste, take 66

Rhetorische Beteiligung ... 68
Beteiligung im Rahmen der Dramaturgie ... 69

10 Inhaltliche Gestaltung ... 70
Die lineare Präsentation ... 70
Non-lineare Präsentationen ... 77
Grundregel der Gestaltung ... 78

11 Die technische Gestaltung der Präsentation ... 80
Marke und Claim ... 80
Schriften ... 81
Farben ... 87
Layoutraster und Bilder ... 92
Tabellen, Diagramme, Technische Charts ... 98
Animationen und Übergangseffekte ... 100
Faustregel für die Gestaltung ... 103

12 Präsentationen leben ... 105
Clear Entrance ... 105
Die äußere Form der Präsentation ... 106
Sprache ... 107
Im Team präsentieren ... 108
Den Raum bewusst nutzen ... 110
Clean Exit ... 113

13 Der Pretest ... 115
Technischer Pretest ... 115
Pretest vor Publikum ... 118

14 Durchführung – im Ernstfall improvisieren ... 120
Das Emergency-Briefing ... 120
Zwischenfragen und Störungen ... 124

15 Das Nachspiel nutzen ... 128
Die Diskussion vorbereiten ... 128
Die Diskussion führen ... 130

16 Etwas zurücklassen ... 132
Das Buch zum Film ... 132
Fanartikel ... 133
Minimalprogramm – Visitenkarte ... 134

17 Inszenierungen jenseits PowerPoint ... 136

Anhang – Analogie-Tabelle ... 140

Literaturverzeichnis ... 145

1 Präsentation mit Leidenschaft

Erinnern Sie sich an den letzten amerikanischen Gerichtsfilm, den Sie gesehen haben? Der Verteidiger hält ein leidenschaftliches Plädoyer. Er erzählt die Geschichte des Angeklagten, lässt die Geschworenen miterleben und mitfühlen, wie es zu der Tat kommen konnte, ringt um Verständnis. Am Ende – sichtlich erschöpft von der erbrachten Anstrengung aber immer noch mit voller Leidenschaft – fordert er den Freispruch.

Ein mitreißendes Plädoyer, eine Geschichte erzählend und dementsprechend tauglich für ein Millionenpublikum im Kino und später vor den heimischen Fernsehgeräten.

Und nun, erinnern Sie sich bitte an die letzte Präsentation, die Sie miterlebt haben. An den Redner, der bar jeder Leidenschaft Folie um Folie aufgelegt und abgelesen hat, erinnern Sie sich an Ihre Haltung als Zuhörer und daran, was Sie insgeheim gedacht haben. Ich bin sicher, vor dem Fernseher sitzend hätten Sie auf einen anderen Kanal umgeschaltet, im Kino wären Sie aufgestanden und hätten dem Abend einen anderen Verlauf gegeben.

Davon, wie Sie aus Ihren Präsentationen, aus nüchternen Vorträgen PowerStories machen, wie Sie die Möglichkeiten der Visualisierung mit PowerPoint so anwenden, dass Ihre Vorträge Ihr Publikum begeistern und dieses Ihnen zuhören möchte, davon handelt dieses Buch.

Anhand von zahlreichen Beispielen aus unterschiedlichen Branchen werde ich Ihnen zeigen, wie Sie mit „Geschichten" Ihre Präsentationen fesselnd gestalten, unabhängig davon ob es sich um eine Verkaufspräsentation oder um ein nüchterne Vorstellung der Halbjahreszahlen aus dem Controlling handelt.

Dabei werden Sie mit einigen neuen Techniken vertraut gemacht, die die klassische Rhetorik nicht kennt. So ist die Entwicklung eines Storyboards beispielsweise etwas, was aus dem Film entliehen, dem Präsentierenden in der Vorbereitung eine wertvolle Hilfe ist und ihn dabei unterstützt die „Geschichte" zu gliedern und wirkungsvoll zu bebildern. Oder Sie lernen die

„Reise des Helden“ als Leitfaden für Ihre Präsentation kennen: Ein wirkungsvolles Muster für Geschichten – denken Sie nur an die Erfolge, die Filme wie *Star Wars* (Krieg der Sterne) beim Publikum erzielen konnten.

Und nicht zuletzt bewahre ich Sie davor, sich in die unendlichen Tiefen der PowerPoint-Möglichkeiten einzuarbeiten, indem ich die Vielzahl des Machbaren auf das sinnvoll Nutzbare reduziere.

Die Grundvoraussetzungen für erfolgreiches Präsentieren

Somit haben Sie mit diesem Buch einen Leitfaden vor sich liegen, der Ihnen dabei hilft, jenseits von Stereotypen anspruchsvolle und ansprechende Präsentationen zu entwickeln. Doch eines wird mit diesem Buch nicht gelingen: Ich kann Ihnen Ihre Leidenschaft für Ihre Präsentationen nicht *einschreiben*.

Ich weiß aus eigener Erfahrung als Redner und als Zuhörer, welche Kraft gut illustrierten Geschichten innewohnt. Ich habe den Geschäftsführer einer Kommunikationsagentur die Geschichte eines *kleinen fränkischen Dorfs* erzählen hören und gesehen wie gebannt die Zuhörer an seinen Lippen hingen, obwohl Ihnen jeder einzelne Fakt der Präsentation bereits im Vorfeld bekannt war. Ich habe miterlebt, wie ein steifer Controller plötzlich jenseits aller Steife als *Rocker* aufgetreten ist und mit klaren direkten, oft brutalen Worten dargestellt hat, wie sein Unternehmen gerade auf den *Titanic-Eisberg* zusteuert, während die Musiker unerschütterlich und unberührt immer wieder die gleichen Melodien zum Tanz aufspielen.

Diese Reden verfehlten ihre Wirkung nicht, doch sie hatten neben der guten Geschichte auch Redner, die ein Anliegen hatten und dieses mit Leidenschaft vortrugen. Beide wollten Ihr Publikum gewinnen, die *Jury* von Ihren Inhalten überzeugen und kämpften engagiert für dieses Ziel.

Nutzen Sie dieses Buch um Ihre Geschichten zu finden, nutzen Sie die vielen Beispiele als Anregungen für das Mögliche und ziehen Sie aus dem Spaß und dem Risiko, die mit eigenen Geschichten verbunden sind, die Leidenschaft Ihre Präsentationen mitreißend vorzutragen.

2 Ziele setzen

Da zieht er los, der Held im Märchen. Abenteuer liegen vor ihm, von denen er nicht sicher sein kann, dass er sie erfolgreich bestehen wird. Doch er weiß, wenn er erfolgreich zurückkehrt, dann wird ihm der König die Prinzessin zur Frau geben.

Der Held in diesem Märchen ist in der Lage Heldentaten zu vollbringen, weil er sich ein klares Ziel gesetzt hat: er möchte die Prinzessin zur Frau gewinnen. Mit diesem Ziel ist er in der Lage, sich den unterschiedlichen Anforderungen während seiner Abenteuer zu stellen und mit überraschenden, gefährlichen Situationen erfolgreich umzugehen.

Was will ich mit der Präsentation erreichen?

Haben Sie sich ein persönliches Ziel gesetzt, welches Ihnen hilft die Orientierung zu behalten, selbst wenn es zu schwierigen unvorbereiteten Situationen kommt?

In zahlreichen Seminaren habe ich die Erfahrung gemacht, dass sich viele Redner für ihre Präsentationen keine konkreten Ziele setzen. Allgemein gehalten sprechen sie davon, ihr Publikum über den Projektfortschritt informieren oder die Quartalszahlen vorstellen zu wollen. Konkret, im Hinblick darauf, was das Publikum tatsächlich von der Rede im Gedächtnis behalten soll, welche Aktionen nach der Rede durch die Zuhörer erfolgen sollen, werden die wenigsten der Vortragenden. Ganz zu schweigen davon, dass sie auch noch ein persönliches Interesse benennen können, welches sie mit der Rede verfolgen.

Eine Ausnahme habe ich nur einmal in nunmehr 14 Jahren Seminartätigkeit erlebt. Ein Teilnehmer hatte die Möglichkeit ein freies Thema für eine Präsentation zu wählen. Er entschied sich für eine Präsentation über die geschmacklichen und gesundheitlichen Vorzüge von grünem Tee. Sein Anliegen war, uns – die anderen Teilnehmer und mich – als „Grünteetrinker“

zu gewinnen. Er wollte uns soweit bringen, dass wir nach seiner Rede „grünen Tee“ probieren würden. Es ist ihm gelungen. Konsequent hat er in der Präsentation sein Ziel verfolgt, hat informiert, unterhalten und animiert. Am Ende haben wir Zuhörer in der nächsten Kaffeepause das Hotel um „grünen Tee“ gebeten.

Ziele formulieren

Gute Ziele für Ihre Präsentation können Sie in einem Satz formulieren. Hier einige Beispiele:

1. Ziel meiner Präsentation ist es, fünf der voraussichtlich zwanzig anwesenden potenziellen Kunden unmittelbar nach meiner Präsentation für ein weiterführendes Gespräch über den Kauf einer Holzverarbeitungsmaschine zu gewinnen und mit einem davon einen Termin für die Vorbereitung eines Abschlusses zu vereinbaren.
2. Ziel meiner Präsentation ist es, der Geschäftsleitung das Projekt so zu „verkaufen“, dass die anschließende Diskussionsrunde sich lediglich um Details dreht, das Projekt selber aber nicht mehr in Frage gestellt und ein vorbehaltliches „Okay“ ausgesprochen wird.
3. Ziel meiner Präsentation ist es sicherzustellen, dass die vier anwesenden Geschäftsführer
   a) die prozentuale Verbesserung des Bereichsergebnisses gegenüber dem Vorjahr ohne nachzuschlagen auf Nachfrage nennen können und
   b) meine Argumentation bezogen auf die Verzögerung bei der SAP-Einführung hinsichtlich der Migrationsproblematik auf Nachfrage in den drei wichtigsten Punkten darstellen können.

Die drei Ziele unterscheiden sich natürlich in ihrer inhaltlichen Qualität voneinander. Während bei Beispiel 1 das klassische Kriterium einer guten Rede *movere* (bewegen) im Vordergrund steht – die anwesenden Zuhörer sollen zum Gespräch und zum Abschluss „bewegt“ werden – ist dies im Beispiel 3 das klassische Kriterium *docere* (belehren/informieren).

Beispiel 2 wiederum ist eine Mischung aus beidem, wobei die Einschätzung des Publikums den Redner veranlasst hat, sein Ziel realistisch zu fassen und nicht gleich die endgültige Entscheidung, sondern die Entscheidung unter Vorbehalt anzuvisieren.

Für die Definition von Präsentationszielen ergeben sich abgeleitet aus diesen Beispielen folgende Anforderungen:

- Formulieren Sie Ihr Präsentationsziel konkret.
- Formulieren Sie Ihre Zielpunkte so, dass Sie die Zielerreichung im Anschluss an die Präsentation überprüfen könnten. (Stellen Sie sich in Gedanken vor, Ihr Publikum müsste nach der Präsentation einen Test ausfüllen und würde nur bestehen, wenn bestimmte Fragen korrekt beantwortet werden.)
- Formulieren Sie Ihr Ziel publikumsbezogen und so, dass es bei dem anwesenden Publikum erreichbar ist.
- Formulieren Sie Ihr Ziel einfach und prägnant, in einem Satz.

Wer ist die Audienz?

Wenn Sie sich die Beispielziele nochmals ansehen, dann stellen Sie fest, dass in den Zielen bereits auf die Zielgruppe und indirekt auf den Rahmen der Veranstaltung reflektiert wird. Dies ist nicht zufällig der Fall. So geht der Held in unserem Märchen auch nicht los und sagt sich, „Ich suche einfach mal ein paar Abenteuer, dann werde ich die Prinzessin schon bekommen.“, sondern die Wahl seiner Abenteuer ist abhängig von demjenigen, der hinterher die Entscheidung über die Belohnung treffen wird, vom König.

Übertragen auf die Rede bedeutet dies, dass Sie sich klar darüber sein müssen, wer Ihre Zuhörer sein werden und was der Anlass für Ihre Präsentation ist. Sprechen Sie vor einem Fachpublikum auf einem Kongress, vor Ihrem Team oder vor dem Vorstand? Zielgruppe und Ausgangssituation sind stets unterschiedlich. Sind Sie auf dem Kongress ein Redner unter vielen, haben dafür im Publikum lauter Experten vor sich, so unterscheidet sich diese Redesituation dramatisch von der Vorstandsrunde, zu der Sie als einziger Fachmann eingeladen wurden, um Ihr Projekt (vor „Laien“) vorzustellen.

Erst wenn Sie diese Rahmenbedingungen bei Ihrer Zielformulierung mitberücksichtigen, können Sie sich ein konkretes Ziel setzen, welches Ihnen hilft, sich dem Abenteuer „Präsentation“ zu stellen und auch mit überraschenden Situationen umzugehen.

3 Die Audienz analysieren

Warum wird ein und die selbe Präsentation einmal vom Publikum absolut begeistert aufgenommen und ist beim nächsten Mal der völlige Flop?

In der Regel wird die Präsentation dann erfolgreich sein, wenn sich der Präsentator mit seinen Inhalten auf sein Publikum eingestellt und die Präsentation individuell vorbereitet hat.

Bereits im Kapitel zuvor habe ich darauf hingewiesen, dass die formulierten Ziele nur erreicht werden können, wenn bei Ziel 1 das Publikum tatsächlich aus Kunden besteht, bei den Zielen 2 und 3 tatsächlich die Geschäftsleitung/die Geschäftsführer angesprochen werden. Aus diesem Grund habe ich Ihnen empfohlen, die Zielgruppe und den Redeanlass in Ihre Zielplanung einzubeziehen.

Doch mit einer derart allgemein gehaltenen Zielgruppenbestimmung ist eine passgenaue Abstimmung der Inhalte auf das Publikum noch nicht möglich. Damit Sie mit Ihren Worten und Inhalten Ihr Publikum erreichen, ist es für den Präsentator unerlässlich, eine genauere Einschätzung seines Publikums vorzunehmen.

Vor wem präsentiere ich?

Hilfreich zur Einschätzung des Publikums ist es für den Präsentator, sich zunächst die nachfolgend aufgeführten Fragen zu stellen. Achten Sie jedoch darauf, dass Sie die Fragen nicht global beantworten, sondern individuell für jeden der Zuhörer, den Sie bei Ihrer Präsentation erwarten.

- Wer wird bei meiner Präsentation anwesend sein?
- Welche Funktion (im Unternehmen) hat er/sie?
- Welches Vorwissen bringt er/sie mit?
- Welche individuellen Interessen verfolgt er/sie?

- Welche unternehmensbezogenen Interessen verfolgt er/sie?
- Welche Motive reizen ihn/sie zum Handeln?
- Welche Glaubenssätze bestimmen sein/ihr Handeln?
- Wofür ist er/sie empfänglich?

Sobald Sie diese Fragen für jeden Ihrer potenziellen Zuhörer beantwortet haben, besitzen Sie bereits ein ausreichend verlässliches Bild, um Ihre Präsentation auf Ihre Zielgruppe zugeschnitten vorzubereiten. Die Qualität lässt sich allerdings nochmals steigern, wenn Sie die Antworten, die Sie auf die oben gestellten Fragen erhalten im Anschluss nochmals mit „Warum?" hinterfragen.

Beispiel

Sie beantworten die Frage nach den individuellen Interessen für den Leiter Controlling wie folgt: Ihm ist es wichtig, sein Image als „scharfer Hund" zu betonen.

Nun stellen Sie sich die Frage: Warum ist ihm dies wichtig?

Die Antwort, die Sie sich geben lautet: Ihm ist es wichtig, sein Image „scharfer Hund" zu betonen, weil er erst fünf Monate im Unternehmen ist und bei der Geschäftsleitung noch beweisen muss, dass er die richtige Wahl für die Stelle ist.

Ausgestattet mit Informationen, die diese Detailtiefe haben, können Sie nun Ihre Präsentation auf die Bedürfnisse der Teilnehmer hin optimieren. Im beschriebenen Beispielfall könnte die oben genannte Information bedeuten, dass Sie bei Ihrer Präsentation darauf hinweisen, im Vorfeld die neuen Richtlinien für Projektverwaltungskosten berücksichtigt und im Sinne von Herrn *Controllingleiter* den ursprünglich angesetzten Finanzrahmen bereits um X% reduziert zu haben.

Hypothesen zur Zielgruppe

Sollten Sie einmal in die Situation kommen, eine Präsentation vor einem Ihnen unbekannten Publikum zu halten, so sollten Sie als Antworten auf die gestellten Fragen Hypothesen bilden.

Indem Sie Ihren „Bauch" befragen und auf dessen Antworten hören, werden Sie ein relativ zuverlässiges Bild Ihrer Zuhörerschaft bekommen. Ergänzend können Sie auch noch auf Kollegen oder Freunde zurückgreifen, die Ihnen ebenfalls helfen können, die Hypothesen zu konkretisieren.

Wenn Sie die Hypothesenbildung konsequent bis zum letzten Schritt der „Warum-Fragen" durchführen, werden Sie in der Präsentationssituation feststellen, dass Sie Ihre Zielgruppe sehr genau eingeschätzt haben. Die eigenen Erfahrungen, die letztlich aus Ihrem „Bauch" sprechen, kombiniert mit den Erfahrungen anderer sind ein verlässlicher Ratgeber.

In jedem Fall führt Sie die Hypothesenbildung zu einer konsequenten Vorbereitung auf Ihre Zielgruppe und hilft Ihnen damit, Ihre Präsentation so anzulegen, dass Sie mit maximalen Erfolgsaussichten starten.

Hypothesen verifizieren

Durch die Bildung von Hypothesen wird Ihre Vorstellung von Ihren Zuhörern immer deutlicher. Doch haben Sie wirklich schon alle Möglichkeiten ausgeschöpft, sich ein klares Bild zu verschaffen?

Die Antwort lautet: Nein. Oder um nicht ganz so hart zu sein, in vielen Fällen haben Sie Möglichkeiten noch nicht ganz ausgeschöpft. Denn noch sind Sie mit Ihrer Zielgruppe nicht in Kontakt getreten. Dabei haben Sie im direkten Gespräch viele Möglichkeiten, Antworten auf die von Ihnen zuvor „intern" gestellten Fragen zu bekommen.

Stellen Sie sich einmal die Situation vor: Ein Kunde reagiert auf ein von Ihnen versandtes Mailing. Er spricht mit Ihrem Sekretariat und äußert den Wunsch, dass Sie ihm Ihr Unternehmen vorstellen. Ihre Sekretärin vereinbart einen Termin für Sie. Und Sie? Sie stellen Ihre Hypothesen über den Kunden auf, machen sich Gedanken über seine möglichen Interessen, seine Motive und bereiten dann die Präsentation vor. Während der Präsentation stellt sich dann plötzlich heraus, dass der Kunde aufgrund eines ganz konkreten Anliegens angerufen hatte und Sie ihm diese Fragen mit Ihrer Präsentation leider nur teilweise beantworten konnten.

Spätestens hier wird deutlich, wie hilfreich ein Telefonat kurz vor der Präsentation gewesen wäre. Schnell wäre Ihnen deutlich geworden, dass dieser Kunde nicht dem „Standardneukunden“ entspricht und Sie ihn daher, um ihn zu gewinnen, mit spezifischen Inhalten hätten ansprechen müssen.

Vielleicht wenden Sie ein, dass ein solcher Kontakt vor der Präsentation nicht immer möglich ist, oder dass ein Anruf auch negativ (peinlich) wirken könnte. Bezogen auf die erste Aussage haben Sie recht. Manchmal ist es tatsächlich nicht mehr möglich, den Gesprächspartner vor der Präsentation persönlich zu sprechen. Die zweite Befürchtung jedoch entbehrt jeder Grundlage. Denn jeder Zuhörer wünscht sich eine Präsentation, die exakt auf seine Bedürfnisse zugeschnitten ist. Wenn Ihr Anruf oder, ggf. bei Präsentationen innerhalb des eigenen Unternehmens, die Suche eines persönlichen Gesprächs, diesem Ziel dient, dann wird Ihr Gesprächspartner dies positiv wahrnehmen.

Sich ankündigen

Nebenbei hat ein Anruf vor dem eigentlichen Präsentationstermin einen weiteren positiven Effekt: Mit Ihrem Anruf kündigen Sie sich und Ihre Präsentation an. Dem Angerufenen wird signalisiert, dass ihm ein wichtiges, für ihn persönlich wichtiges Ereignis bevorsteht.

Durch diese Hinwendung zu Ihrer Präsentation bereits im Vorfeld schaffen Sie sich eine andere Ausgangsbasis für Ihren Vortrag. Jetzt werden Sie erwartet. Der Angerufene ist neugierig, wie Sie die erhaltenen Informationen im Rahmen Ihrer Präsentation verarbeiten werden. Außerdem haben Sie vielleicht bereits Andeutungen gemacht, was ihn erwartet, so dass dadurch ebenfalls seine Neugierde angestachelt wurde. Und nicht zuletzt wird der angerufene Zuhörer mit dem Gefühl zu Ihrer Präsentation kommen, dass die von ihm aufgewendete Zeit nicht vergeudet sein wird.

Mir sind in der Praxis schon Präsentatoren begegnet, die „sich ankündigen“ zum Teil ihrer Präsentation gemacht haben. Ausgehend von einem kurzen Telefongespräch zur Überprüfung Ihrer Hypothesen haben Sie die Zuhörer in regelmäßigen

Abständen bis zu Ihrer Präsentation mit Interesse fördernden Teilinformationen versehen, die dann im Rahmen der Präsentation aufgegriffen und ausgeführt wurden.

Tipp

Im Theater werden Eintrittskarten vor der Vorstellung verkauft, die dann bei Einlass in den Saal abgerissen werden. Ohne die Karten kein Einlass. Dieses Einlass-Ritual dient dazu, die Wertigkeit des Stückes zu erhöhen, die Vorfreude zu steigern. Ähnliches ist auch im Präsentations-Alltag möglich. Denken Sie einmal darüber nach, welche Wirkung von einer farbigen Einladungskarte mit einem nicht näher erklärten Wort ausgeht, die zur Präsentation mitgebracht werden muss: Der Zuhörer beschäftigt sich im Vorfeld mit der Karte. Er rätselt, wofür er sie bei der Präsentation wohl benötigen wird. Seine Spannung steigt und mit entsprechend hoher Aufmerksamkeit wird er zur Präsentation erscheinen. Enttäuschen Sie ihn jetzt jedoch nicht. Planen Sie Ihre Präsentation so, dass es eine Situation gibt, wo der Zuhörer gefordert ist seine Eintrittskarte zu verwenden und wo das darauf geschriebene Wort plötzlich eine überraschende Bedeutung bekommt – beispielsweise als Teil eines *Worträtsels* oder als Teil eines Slogans, der sich aus den zusammengesetzten Wörtern aller Teilnehmer ergibt.

Vorteile nutzen

Nachdem Sie sich derart auf Ihr Publikum vorbereitet haben, sind Sie in der Lage die zielfördernden Inhalte für Ihre Präsentation zusammenzustellen. Beachten Sie jedoch dabei, dass Sie von all den gesammelten Informationen nun auch Gebrauch machen.

Zuviel Zurückhaltung schadet. Denken Sie an den Leiter Controlling. Was hilft Ihnen die Information, die Sie über ihn zusammengestellt haben, wenn Sie sie dann nicht nutzen? Am Ende wollen Sie Ihr Ziel erreichen, also werfen Sie unnötige Skrupel über Bord und behandeln Sie den Leiter Controlling so, dass er sich als scharfer Hund ernst genommen und bestätigt fühlt. Nutzen Sie Ihre Vorteile.

4 Sammeln – Elemente der Präsentation

Im Rahmen Ihrer Präsentationsvorbereitung ist es nun an der Zeit, dass Sie die Inhalte Ihrer Präsentation zusammenstellen. Ausgehend von Ihren Zielen tragen Sie nun die Hauptargumente zusammen, die Ihre Ziele am besten unterstützen und auf die jeweilige Zielgruppe zugeschnitten sind. Hierfür empfehle ich eine mehrstufige Vorgehensweise – erst die Grundaussagen, dann Zahlen, Daten, Fakten und schließlich sozusagen als Kür das was Sie brauchen, um die emotionale Ebene Ihrer Zuhörer anzusprechen.

Grundaussagen

Was sind die wesentlichen Grundaussagen, die Sie Ihrem Publikum vermitteln möchten?

Bitte beachten Sie bei dieser Fragestellung, dass es nur um Aussagen geht, eine inhaltliche Begründung ist an dieser Stelle noch nicht erforderlich. Sie definieren an dieser Stelle lediglich, wo die Schwerpunkte in Ihrer Präsentation liegen werden. Berichten Sie etwa über die Fortschritte in einem neuen Projekt, dann werden Sie beispielsweise Grundaussagen in folgender Form definieren:

- Der pünktliche Projektabschluss ist nicht gefährdet.
- Schwierigkeiten mit den Lieferanten werden bis Monatsende aus dem Weg geräumt.
- Zusatzinvestitionen in Höhe von X,XX € sind erforderlich.
- Der geplante Zeitpunkt für den ROI verschiebt sich lediglich um einen Monat.

Formal ähneln diese Aussagen Slogans, wie Sie sie aus der Werbung kennen:

- *„Siemens – Global Network of Innovation“*
- *„Die schönsten Pausen sind lila.“* (Milka)
- *„PC-Power zum kleinen Preis.“* (Dell)

Dabei handelt es sich um einen gewollten Effekt. Zum einen zwingen Sie sich dadurch, Ihre wesentlichen Punkte kurz und knapp zu fassen, zum anderen steigen Sie so noch nicht zu tief in die Materie ein und bleiben damit offen für Assoziationen und Gedankenspielereien rund um das Thema, was Ihnen später wiederum die Umsetzung in PowerPoint-Folien und Interaktion erleichtert.

Selbstverständlich müssen Sie in der Lage sein, diese Aussagen später stabil zu untermauern, doch gibt es keine Veranlassung, Ihre Kreativität bei der Präsentationsgestaltung bereits zu diesem Zeitpunkt einzuschränken.

Tipp

Hilfreich ist es, wenn Sie diese Grundaussagen auf einem separaten Blatt notieren und dieses dann zur Seite legen, bevor Sie im nächsten Schritt Zahlen, Daten und Fakten zusammentragen. Da nur die Aussagen auf dem Blatt stehen, werden Sie bei der folgenden Analogiebildung und Geschichtendefinition nicht durch Zahlen, Daten und Fakten blockiert.

Zahlen, Daten, Fakten

Ausgehend von Ihren Grundaussagen tragen Sie nun zusammen, was Ihnen an Zahlen, Daten und Fakten zur Verfügung steht. Dabei ist ein wesentlicher Punkt deren Überprüfbarkeit.

Wenn Sie beispielsweise Ihre Zuhörer von den positiven Auswirkungen eines neuen Systems zur Kundenbindung überzeugen wollen, dann machen Sie Ihre Annahmen über den Erfolg nachprüfbar. Eine repräsentative Umfrage unter den Kunden Ihres Unternehmens könnte einen solchen nachprüfbaren Fakt darstellen.

Sprechen Sie in Ihrer Präsentation davon, dass die Schwierigkeiten mit den Lieferanten bis zum Monatsende ausgeräumt sein werden, dann treten Sie den Beweis dafür an. Dies kann beispielsweise durch die Schritte geschehen, die Sie bereits unternommen, ergänzt um die, die Sie in Planung haben.

Präsentieren Sie bei einem potenziellen Kunden Ihre Leistungsfähigkeit, so stellen Referenzen einen typischen Beweis dafür dar.

Zahlen, Daten und Fakten sprechen die Ratio Ihrer Zuhörer an. Ohne dieses Material tendieren Präsentationen hin zur Schaumschlägerei. Dennoch ist es nicht sinnvoll, Präsentationen mit Fakten zu überladen. Hilfreich ist es vielmehr, wenn Sie von den Fakten, die Sie zusammengetragen haben, diejenigen präsentieren, die Ihre Argumentation am wirkungsvollsten stützen. Das übrige Material sollten Sie als Antwort auf Zwischen- oder Nachfragen in der Hinterhand behalten – beispielsweise in Form einer ausgeblendeten PowerPoint-Folie, die Sie bei Bedarf einblenden.

Tipp Achten Sie bei Zahlen, die Sie in Ihrer Präsentation verwenden, penibel auf Genauigkeit. Stellen Sie sich vor, Sie präsentieren die Marktanteile der wichtigsten Unternehmen in einem bestimmten Markt. Die Summe der prozentualen Anteile ergibt 98%. Die fehlenden 2% werden von Ihnen nicht näher ausgeführt, weil es sich dabei um Anbieter mit unbedeutender Marktpräsenz handelt, die im Rahmen Ihres weiteren Vortrags keine Rolle spielen werden. Dennoch können Sie sicher sein, dass einer Ihrer Zuhörer, dem Zahlen, Daten und Fakten wichtig sind oder der schnell rechnen kann, genau an dieser Stelle intervenieren wird: „Und was ist mit den fehlenden 2%?" Wenn es ihm dann noch gelingen sollte, Zweifel an der Präzision Ihrer Aussagen zu wecken, kann aufgrund dieser kleinen Nachlässigkeit der Erfolg der gesamten Präsentation gefährdet sein.

Emotionales Redematerial

Der dritte Schritt bei der Zusammenstellung der Inhalte Ihrer Präsentation besteht darin, Beispiele zusammenzutragen, die Ihre Zuhörer auf einer menschlich-emotionalen Ebene ansprechen.

Als sie die Audienz analysiert haben, haben Sie sich bereits Gedanken darüber gemacht, welche Motive den einzelnen Zuhörer zu Handlungen bewegen. Sie haben sich auch mit dessen Glaubenssätzen und somit Wertvorstellungen auseinandergesetzt. Dieses Wissen, beziehungsweise diese Hypothesen sollten Sie nun nutzen.

Beispiel

Ende 1998 klagte mir der EDV-Leiter eines mittelgroßen Betriebes in Ostdeutschland sein Leid, dass ihm von der Geschäftsleitung kein Geld zur Absicherung der Jahr-2000-Problematik zur Verfügung gestellt werde.

Als er seine Zielgruppe, die Geschäftsführer, im Rahmen einer Präsentationsvorbereitung analysierte, stellte sich heraus, dass die Geschäftsführer in Bezug auf EDV einen extrem niedrigen Kenntnisstand hatten. Dem gegenüber stand eine hohe „Nach-Wende-Begeisterung" für endlich verfügbare technische Luxusprodukte aus dem ehemaligen Westdeutschland.

Die Ergebnisse der Analyse nutzte er dann in seiner Präsentation für das folgende, emotional ansprechende Beispiel: „Als Sie unmittelbar nach der Wende Ihre Videorekorder gekauft haben, haben Sie da danach gefragt, ob programmierte Aufnahmen von Fernsehsendungen auch noch im Jahr 2000 möglich sein werden?"

Warum ist es so wichtig, die Zuhörer emotional anzusprechen? Betrachten Sie noch einmal das angeführte Beispiel. Auf einer rein faktischen Ebene hatte der EDV-Leiter keine Chance, seine Zuhörer zu erreichen, da ihnen das notwendige Wissen fehlte. Indem er die Situation im Unternehmen auf den privaten Bereich übertrug, gelang es ihm eine persönliche Betroffenheit zu erzeugen: „Oh Mann, daran habe ich ja gar nicht gedacht. Ich muss zuhause gleich mal nachsehen, ob vom Jahr 2000 etwas in der Bedienungsanleitung steht." Diese Betroffenheit – oder anders formuliert – diese emotionale Reaktion führte dann wiederum dazu, dass die Entscheidung, Geldmittel für den EDV-Leiter zu bewilligen, getroffen wurde.

Wesentliches Merkmal für „emotionales Redematerial" ist demnach nicht die Beweisbarkeit, sondern die Wahrscheinlichkeit, eine zielfördernde emotionale Reaktion bei den Zuhörern auszulösen. Denken Sie beispielsweise an die Diskussion, die vor einigen Jahren über BSE in Deutschland geführt wurde. Damals – als die Kontrollen plötzlich so streng waren wie nie zuvor – spürten die Metzger besonders deutlich, dass Ihre Kundschaft rationalen Argumenten gegenüber kaum noch zugänglich waren. *Rindfleisch gleich Kreutzfeld-Jakob* war die einfache Formel, die in den Köpfen der Leute verankert war. *Rindfleisch macht verrückt* war die emotionale Botschaft, die Angst und Kaufzurückhaltung auslöste.

Stellen Sie sich nun einmal vor, einem Redner gelingt es emotionale Botschaften dieser Qualität zu formulieren – seine Überzeugungskraft wäre kaum noch zu überbieten. Wo jedoch finden Sie diese Art von Redematerial? Ausgehend von den Informationen aus der Analyse der Audienz bieten sich zahlreiche Fundstätten an, von denen ich Ihnen drei, nämlich

- Glaubenssätze,
- persönliche Motive und
- soziales Engagement

beispielhaft vorstelle:

Glaubenssätze

Glaubensatz: Nur wer hart arbeitet hat Erfolg.

Beispiel: Meine Herren, manche Unternehmensberatungen signalisieren, dass es einfach ist ein Unternehmen wieder auf Erfolgskurs zu bringen. Hier eine neue Software, dort ein paar Mitarbeiter entlassen oder in den Vorruhestand geschickt und schon fließen die Millionen wieder in die Kasse. Meine Herren, Sie selbst standen vor einigen Jahren noch an unseren Werkbänken und Sie wissen, dass dem nicht so ist! Wir müssen alle die Ärmel hochkrempeln und miteinander anpacken. Wir müssen wieder verzichten lernen und zur konzentrierten Arbeit in unserem Kernspektrum zurückfinden, und nur dann, ich betone, nur dann, wird unser Veränderungsprozess erfolgreich sein.

Persönliche Motive

Persönliches Motiv: Ich will, dass die Konkurrenz den Erfolg der Firma mit meiner Person verbindet (Wunsch nach Anerkennung).

Beispiel: Meine Damen und Herren, ich erinnere mich noch an die letzte Olympiade. Mir standen die Tränen in den Augen, wenn ich sah, wie wieder einer unserer Sportler auf das Podest stieg und die Nationalhymne gespielt wurde. Sie, meine Damen und Herren, haben auch eine Chance auf ein Podest zu steigen, wenn Sie mutig genug sind, in den derzeitig konjunkturell schwierigen Zeiten entschlossen das Ruder herum zu reißen und mit der Einführung von SAP unseren mittelständischen Betrieb wieder auf Kurs bringen.

Soziales Engagement

Soziales Engagement: Es ist bekannt, dass einige der Teilnehmer ehrenamtlich beim THW, der freiwilligen Feuerwehr oder beim Roten Kreuz engagiert sind.

Beispiel: Stellen Sie sich vor, Sie haben einen Autounfall und liegen schwer verletzt unmittelbar neben der Straße. Viele der vorbeikommenden Autofahrer sehen Sie liegen, doch es hält keiner an – jeder einzelne folgt nur seinem jeweiligen Ziel. Meine Damen, meine Herren, etliche Abteilungen in unserem Unternehmen fahren gerade an dem Verletzten vorbei. Wollen wir nicht lieber anhalten, die Ärmel hochkrempeln und gemeinsam handeln, statt egoistisch nur die eigene Abteilung, die eigenen *Fahrziele,* im Blick zu behalten?

Sie sehen, die Analyse der Audienz lohnt sich bereits in dieser Phase der Redevorbereitung. Sie werden feststellen, dass es Ihnen leicht fallen wird, emotionale Beispiele zu finden, wenn Sie sich erst einmal eingehend mit Ihren Zuhörern beschäftigt haben. Neben den beiden zentralen Bereichen Glaubenssätze (Werte) und Motivationen ist beinahe jedes private Handlungsfeld der Zuhörer als Beispiel, Analogie oder Metapher zu gebrauchen. Während der Weltmeisterschaften 2002 hat einer meiner Kunden sogar eine ganze Präsentation als Fußballmatch aufgebaut, darauf spekulierend, dass die herrschende Fußballeuphorie sich positiv auf seine Rede übertragen würde.
➲ **Chart 1**

Damit sind wir jedoch schon bei einer weiteren Stufe in der Präsentationsentwicklung angekommen. Denn im Gegensatz zu den zuvor aufgeführten Beispielen handelt es sich bei der *Fußball-Präsentation* nicht nur um ein einzelnes Beispiel, sondern gleich um eine ganze Geschichte, die um die eigentlichen Inhalte herum erzählt wurde. Doch davon mehr im nächsten Kapitel.

Chart 1
Ausgleich in der ersten Halbzeit!

5 PowerStories – Der Kick für die Präsentation

Geschichten in Präsentationen

Als ich kürzlich als Zuhörer einem Fachvortrag über die Balanced Scorecard beiwohnte, einer Controlling-Methode, schaffte es der Redner, mich für dieses Thema durch eine Geschichte einzunehmen. Diese handelte davon, wie er, ein gestresster Unternehmensberater, durch eine persönliche Balanced Scorecard sein Familienleben wieder in den Griff bekommen hat. Diese Erfolge übertrug er dann auf den Einsatz der Balanced Scorecard im Unternehmen, reichte noch einige Alltagsbeispiele und Fakten nach und entließ eine Zuhörerschaft, die von der Methode sehr angetan waren.

Die Geschichte hat in diesem Fall durch ein an sich trockenes Thema getragen und so war der Vortrag sogar für diejenigen interessant, deren hauptsächlicher Arbeitsschwerpunkt nicht im Bereich Finanzen/Controlling lag. Mehr noch, ich bin überzeugt davon, dass zahlreiche der Zuhörer im Anschluss an den Vortrag anderen von dieser für viele Fachgebiete neuen Methode erzählt haben und zwar unter Verwendung der privaten Geschichte des Beraters.

Somit ist die Wirksamkeit von Geschichten an einem Beispiel bewiesen. Wenn Sie sich im weiteren Verlauf des Buches die praktischen PowerPoint-Beispiele ansehen, so werden Sie noch weitere Beispiele finden. Doch es bleibt die Frage, wie Sie zu Geschichten für Ihre Präsentation kommen.

Analogien finden

Zunächst einmal ist es notwendig, eine Idee von einer Geschichte zu bekommen. Als Hilfsmittel empfiehlt sich hier die Bildung von Analogien.

Bei der Analogiebildung versucht man, die Inhalte eines Sachverhalts aus dem einen Bereich auf Sachverhalte eines anderen Bereichs zu übertragen. Eine Analogie besteht dann, wenn mindestens ein Merkmal eines Analogieobjektes auch Merkmal des ursprünglichen Sachverhalts ist. So ist das im vorhergehenden Kapitel erwähnte Fußballspiel dann als Analogie geeignet, wenn auch der in der Präsentation darzustellende Sachverhalt *zumindest* vom Wettbewerb zwischen zwei Teams (Unternehmen) handelt. Je mehr übereinstimmende Merkmale die für die Präsentation gewählte Analogie und die Realität besitzen, desto überzeugender wird die Analogie für die Zuhörer.

Analogiefeld Natur

In der Praxis haben sich einige Themenfelder als besonders ergiebig für die Bildung von Analogien erwiesen. So ist die *Natur* eine nahezu unerschöpfliche Quelle für Analogien. Wachstum und Untergang (Lebenszyklen), fressen und gefressen werden (Nahrungskette) oder die Entstehung und Ausbreitung von Seuchen (Tipping Point) sind Beispiele für allgemeine Analogien, die die Natur für den Präsentator bereit hält. Hinzu kommt, dass die Verwendung von „personifizierten" Tieren als Sympathieträgern nahezu immer geeignet ist, die Emotionen des Publikums zu gestalten. Denken Sie nur an die zahlreichen und erfolgreichen Tierfilme von Walt Disney, an die Anteilnahme, die die Zuschauer dem Wal Willy im Film „Free Willy" schenkten. Außerdem bietet die Natur in vielen kleinen Details so faszinierende Problemlösungsmodelle, dass die Bildung von Analogien zur Natur auch Technikern zur Ideenfindung bei der Lösung komplexer Aufgabenstellungen empfohlen wird.

Analogiefeld Sport

Ein zweites Feld für erfolgreiche Analogien ist der Sport. Insbesondere wenn es darum geht, eine Geschichte nicht nur zu erzählen, sondern auch zu bebildern, bietet die Welt des Sport ein reichhaltiges Angebot. Analogien lassen sich hier zur Trainings- und Wettkampfsituation, zu Siegen und Niederlagen genauso ziehen wie zur Entwicklung eines Helden, zu seiner Ausdauer, seiner Fairness oder seinen Vergehen (Doping). Interessanterweise erlaubte die Telekom zu Zeiten ihrer intensiven Förderung des Radsports in Präsentationen bei der Verwen-

Chart 2 Worum geht's? Von der Reifenpanne zur Siegesfahrt

dung von Bild-Analogien und Bild-Metaphern ausschließlich Bilder aus dem Radsport. Jetzt sponsert die Telekom auch den FC Bayern München. Damit ist zu erwarten, dass wir künftig in Telekom-Präsentationen auch mit „Fußball-Bildern und – Geschichten“ konfrontiert werden. ➲ **Chart 2**

Analogiefeld „Technik und Naturwissenschaften“

Ein weiteres Feld ist das Feld der Technik und der Naturwissenschaften. Dabei ist der Zusammenhang mit Naturanalogien selbstverständlich vorhanden, dennoch unterscheide ich die beiden voneinander, da Sie als Präsentierender unterschiedliche Geschichten erzählen werden, je nachdem welchen Ausgangspunkt Ihre Analogie hatte.

Typische Analogien, die sich in den letzten Jahren immer häufiger in Präsentationen finden, sind Analogien aus dem Bereich der Quantenphysik und der Chaosforschung. Haben Sie bereits einmal von dem bekannten Schmetterlingsschlag auf der anderen Seite der Welt gehört, der bei uns ein Unwetter auslöst? Oder von Schrödingers Katze, von der wir nicht wissen ob sie noch lebt oder bereits tot ist, bevor wir, als Beobachter und somit auf das Ergebnis Einflussnehmende, die Schachtel geöffnet haben?

Beides sind Bilder, die einen einzelnen Sachverhalt selbst für einen Laien verständlich beschreiben und um die herum man die Geschichte einer ganzen Präsentation bauen kann. Auch hierfür ein Beispiel: *Ein Unternehmensberater mit systemischen Ansatz möchte sich von der klassischen Unternehmensberatung à la McKinsey oder Arthur D. Little abgrenzen. In der Präsentation beim Kunden vergleicht er deren Ansätze mit der Newtonschen Mechanik, die davon bestimmt wird, dass ein eindeutiger Input zu einem eindeutigem Output führt. Dann beweist er anhand der Ansätze aus der Chaostheorie, das Newton in vielen Bereichen ergänzt werden muss und dass seine „Weltsicht" nicht vollständig ist, um am Ende sich als die notwendige Ergänzung darzustellen.*

Weitere Analogiefelder

Wenn Sie anfangen, sich mit Analogien zu beschäftigen, so werden Sie schnell feststellen, dass es neben den hier beschriebenen Bereichen unzählige Themenfelder gibt, die sich zur Analogiebildung eignen. Ob es die bildende Kunst, die Architektur, Musik, das Theater oder die Liebe ist, wenn ein wesentliches Merkmal aus dem jeweiligen Analogie-Feld mit Ihrer Kernaussage übereinstimmt, dann sollten Sie dieses Feld einer näheren Betrachtung unterziehen. Somit rate ich Ihnen, dass Sie an dieser Stelle Ihrer Redevorbereitung Ihr Blatt mit den Kernaussagen zur Hand nehmen und anhand dieser einige Themenfelder aufschreiben, die Ihnen spontan in den Sinn kommen. Die Prüfung auf ausreichende Übereinstimmung können Sie anschließend in aller Ruhe vornehmen.

Analogiefeld „Alltagsumwelt"

Doch bevor Sie dies möglicherweise gleich in die Tat umsetzen, weise ich Sie noch auf das naheliegenste Feld für Analogien hin – Ihre unmittelbare „Alltags-Umwelt". Unter diesem Begriff verstehe ich die zahlreichen Begebenheiten, die Ihnen jeden Tag widerfahren: Der morgendliche Stau auf dem Weg zur Arbeit mit der Möglichkeit auf die Bahn umzusteigen und den persönlichen Akzeptanzschwierigkeiten, die dabei auftauchen, falls Sie die gewohnte Privatsphäre im Auto mit der Öffentlichkeit und den neuen Unannehmlichkeiten der Bahn eintauschen – als Analogie für die Schwierigkeit sich in Veränderungsprozessen an neue Abläufe zu gewöhnen. Oder die Bearbeitung einer Reklamation bei Ihrem Herren-/Damenausstatter – als Analogie rund um die Themen Kunden- oder Serviceorientierung. Dann die Outdoor-Weiterbildung, an der Sie teilgenommen und miterlebt haben, wie Ihre Kollegen und Mitarbeiter ganz andere Fähigkeiten als im Alltag an den Tag legten und zu ungewöhnlicher Leistungsbereitschaft aufliefen – als Analogie für neue Teams und neue Herausforderungen. Ihr fünfjähriger Sohn, wie er in einem unbeobachteten Moment die Herausforderung Küchenschrank, oberstes Fach meistert um an die Schokolade zu kommen – als Analogie für Kreativität und Selbstverantwortung.

Tipp

Eine Liste von Analogien, die Ihnen als Anregung dienen soll finden Sie im Anhang dieses Buches.

Es fällt mir schwer an dieser Stelle innezuhalten, denn die Beispiele aus dem Alltag sind so zahlreich, dass ich mich immer wieder wundere, wie wenige Redner von diesen Möglichkeiten tatsächlich Gebrauch machen. Doch denken Sie an den EDV-Leiter aus dem vorherigen Kapitel. Die Geschichte mit dem Videorekorder – eine Alltagsanalogie – war es, die ihm den Zugang zu den erforderlichen Mitteln ermöglichte.

Tipp

Viele Geschichten erzählen sich leichter, wenn sie anhand von Bildern erzählt werden können. Aus diesem Grund empfiehlt es sich, in die Präsentation Folien einzubauen, auf denen nur „Geschichten-Bilder" zu sehen sind, kein Text, kein Logo, nur das Bild. Damit fällt es Ihnen leicht frei die Geschichte zu erzählen und der Zuhörer kann sich mühelos emotional über den visuellen Eindruck des Bildes auf Ihre Geschichte einlassen.

➲ **Chart 3**

Die Reise des Helden

Eine weitere, wenngleich ungewöhnliche Art und Weise zu einer Geschichte für eine Präsentation zu gelangen, besteht darin, sich das Muster klassischer Geschichten (Mythen) anzusehen. Dabei gehe ich von der Überlegung aus, dass, wenn Filme wie *Star Wars*, *Rocky* oder *Zurück in die Zukunft* bei einem breiten Publikum mit unterschiedlichstem Bildungsgrad derart erfolgreich ankommen, eine Übertragung der bewährten Muster aus diesen Filmen (und somit aus den Mythen und Sagen unserer Kultur) auf die Präsentation den Erfolg dieser Präsentation deutlich steigern müsste.

Was haben nun diese Filme gemeinsam? Zunächst einmal ist es die Tatsache, dass in diesem Filmen bestimmte Archetypen (Urbilder menschlicher Verhaltensmuster) als handelnde Figuren auftauchen. Dies sind, neben zahlreichen weiteren Figuren,

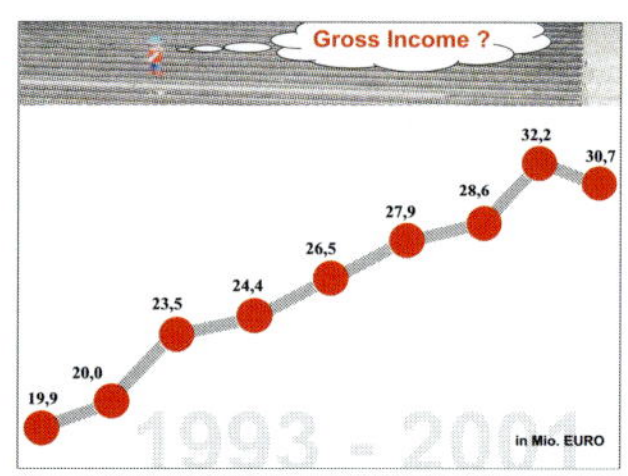

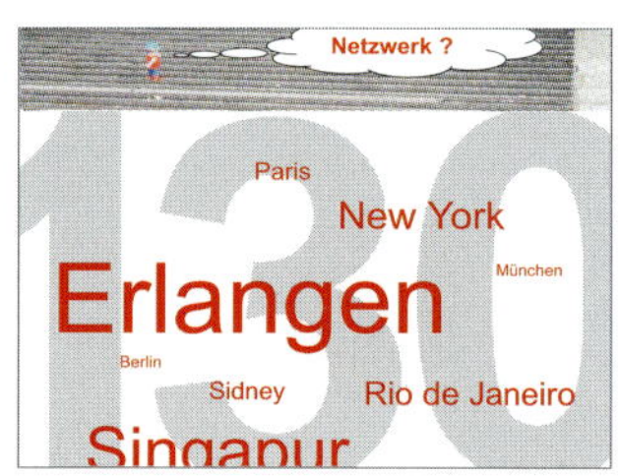

Chart 3

P. Mobil entdeckt die Welt

Netzwerk ?
1
Größtes
Agenturnetzwerk
in Europa

Netzwerk ?
4
Viertgrößtes
Agenturnetzwerk
der Welt

Kunden ?
Netzwerk
Kunden

Kunden ?
Kunden
British Airways
Ebel
Club Med
Ericsson
Coca-Cola

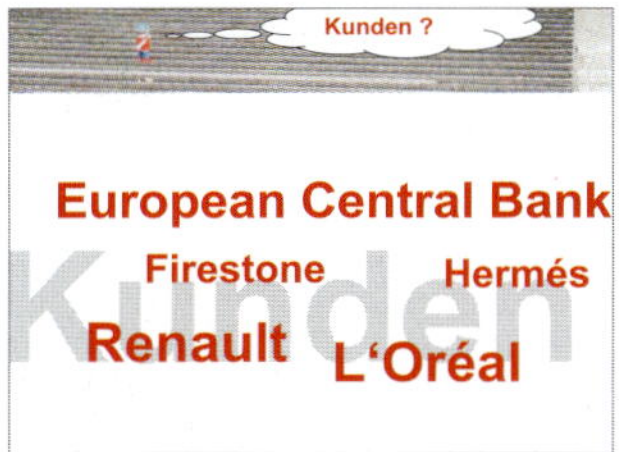
Kunden ?
Kunden
European Central Bank
Firestone
Hermés
Renault
L'Oréal

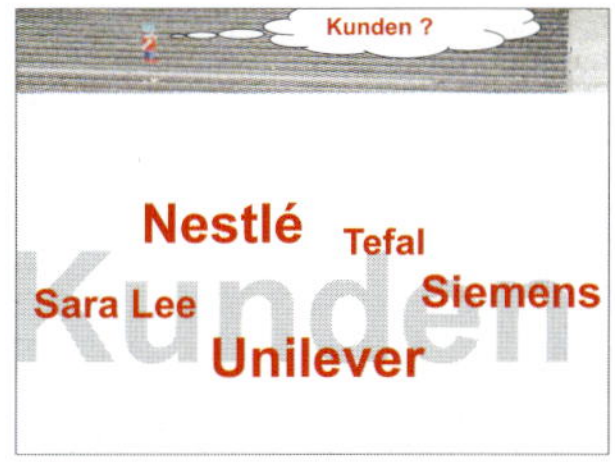
Kunden ?
Kunden
Nestlé
Tefal
Sara Lee
Siemens
Unilever

Was macht ihr hier ?

Alles rund ums
Thema Kommunikation

Battlefields
a - d

Battlefields
a
Branding &
Marketing-
Kommunikation

Battlefields
a
- Markenführung
- Corporate
- MarkComm
- Internet
- Geschäftsbericht
- etc.

Battlefields
b
Kunden-
Bindungs-
Programme

Battlefields
b
- Magazin
- Messen, Events
- SalesForces
- DialogMarketing
- Internet
- etc.

Battlefields
c
Point of Sales

Battlefields
c
- SalesForces
- Events, Messen
- CD ROMs, ppt.
- Internet
- Werbeartikel
- etc.

Battlefields
d
Interne
Kommunikation

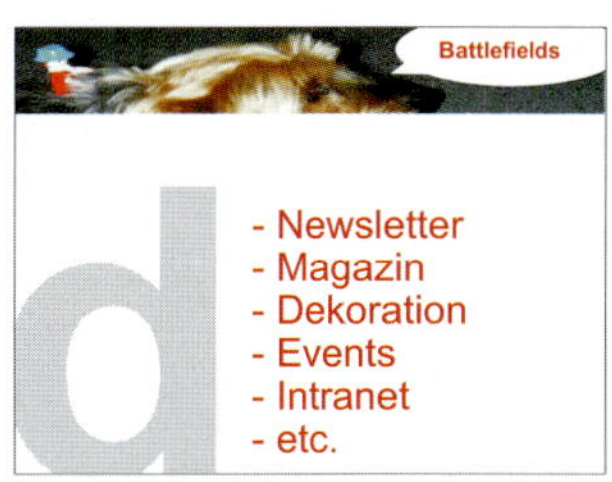
Battlefields
d
- Newsletter
- Magazin
- Dekoration
- Events
- Intranet
- etc.

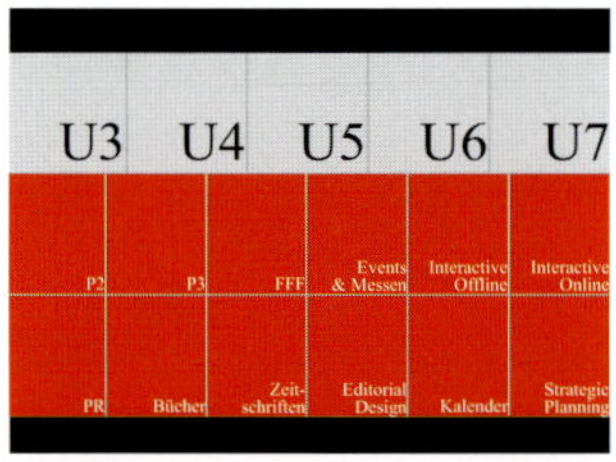

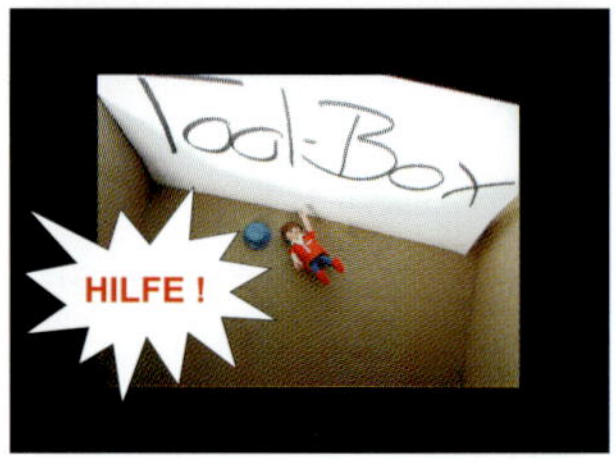

Chart 3
Fortsetzung

Publicis Erlangen
Interactive

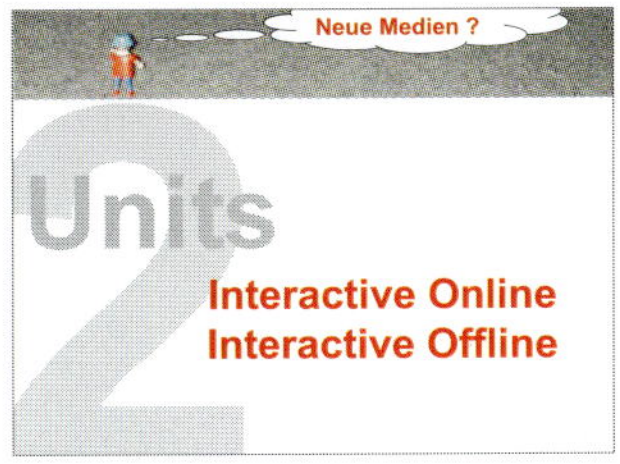
Neue Medien ?
2
Units
Interactive Online
Interactive Offline

Neue Medien ?
35
Mitarbeiter
Consulting
Kreation
Development

Leistungen ?
Leistungen

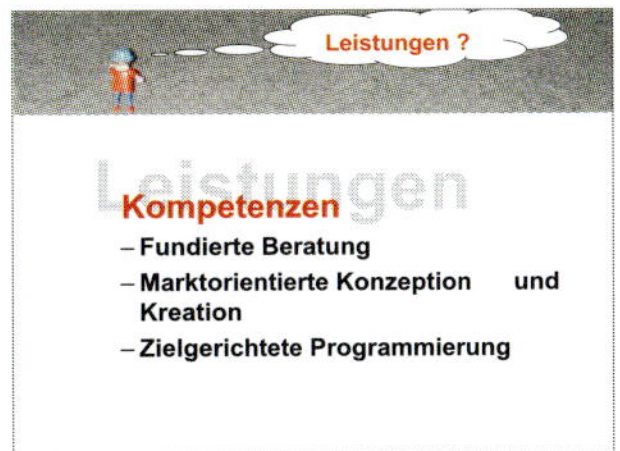
Leistungen ?
Leistungen
Kompetenzen
– Fundierte Beratung
– Marktorientierte Konzeption und Kreation
– Zielgerichtete Programmierung

Leistungen ?
Leistungen
Lösungen
– Internet / Intranet / Extranet
– CD-ROM / DVD / Hybrid
– E-Business / E-Commerce / E-Shops / E-Catalogues
– Präsentationen / Screensaver / Messeauftritte

Leistungen ?
Leistungen
Lösungen
– Content Management / Customer Relationship
– Web-Applikationen / Datenbank-Anbindung
– Web-Hosting / Firewall
– Mobile / WAP

Partner ?
Partner

Partner ?
Partner
Mitgliedschaften
DMMV Deutscher MultiMedia Verband
GWA Gesamtverband Kommunikations Agenturen
NIK Nürnberger Initiative für die Kommunikationswirtschaft
d m m v
GWA
NIK

Partner ?
Systempartner
Systempartner
– Microsoft Microsoft Certified Partner
– MacroMedia MacroMedia Alliance Partner
– CoreMedia Content Management System
– Go-Topic Content Management System
– WebEffect Suchmaschinen-Promotion
Microsoft
macromedia ALLIANCE PARTNER
Go-Topic
webeffekt

Awards ?
Awards

Awards ?
Awards
London International Advertising Award
– FINALIST Corporate Image
– FINALIST Business & Money
Corporate Media
– Award of Master
– Auszeichnung für hohen Standard
– Auszeichnung für hohen Standard

Awards ?
Awards
HORIZONT / MetaTransfer
– 2. Platz / Werbeagenturen
WorldMediaFestival
– Silber / Business to Business
– Silber / Institutions and Events

Referenzen ?
Referenzen

Erlangen
elmo

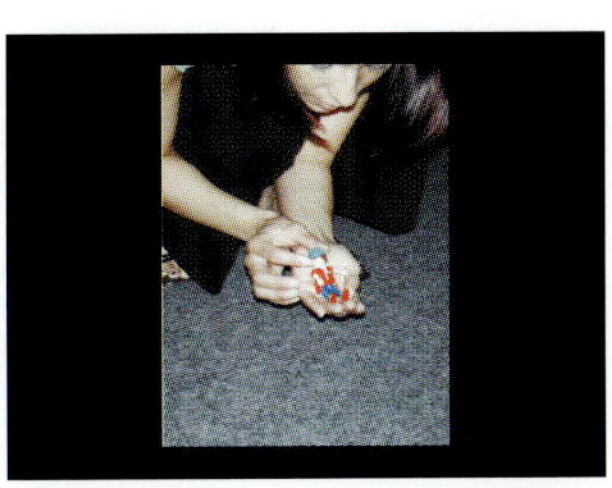

Und wo ist
P. Mobil jetzt ?

Vielen Dank !

die folgenden zentralen Figuren: der Held (Rocky), der Widersacher (Darth Vader, Star Wars), und der Mentor (Doc Brown, Zurück in die Zukunft).

Betrachten wir nun typische Themen für Präsentationen in Unternehmen, so lassen sich diese Figuren in vielen Fällen leicht zuordnen. Zum Beispiel bei einer Beraterpräsentation:

- Der Held ist der Kunde, er wird am Ende erfolgreich sein.
- Der Feind ist der Wettbewerber.
- Der Mentor und weise Helfer ist der Berater.

Da Sie keinen Roman erzählen wollen, sondern nur eine einfache, leicht nachzuvollziehende Geschichte, reichen Ihnen diese Figuren für eine Handlung bereits aus. Liege ich richtig, wenn ich annehme, dass Ihnen bereits mit diesen geringen Vorgaben Ideen für eine aktuelle Präsentation oder eine Situation in Ihrem Unternehmen durch den Kopf gehen?

Doch gehen wir weiter. Es ist auch wichtig die Grundstrukturen von Geschichten zu beleuchten. Interessanterweise folgen diese meist dem folgenden, vereinfacht dargestellten Muster:

Der Ruf

Schritt 1: Der Held wird in seiner Alltagsumgebung dargestellt. Er wird dann mit dem Geheimnis, der Aufgabe konfrontiert und erhält somit den Ruf des Abenteuers. Dann lernt er den Mentoren kennen und marschiert los.

Das Abenteuer

Schritt 2: Der Held erlebt nun seine Abenteuer und wird mit Bedenkenträgern aus dem eigenen Umfeld und dem Widersacher (Feind) konfrontiert. Am Ende meistert er jedoch die Herausforderungen und besteht die entscheidende „Feuerprobe".

Die Belohnung

Schritt 3: Der Held erfährt seine Belohnung (er bekommt den Schatz).

Die Heimkehr

Schritt 4: Der Held kehrt an den Ausgangspunkt der Geschichte zurück, wobei er und die Welt sich durch seine Handlungen verändert haben.

Betrachten Sie nun die geschilderten vier Schritte und übertragen diese einmal auf eine Präsentationssituation, so haben Sie beinahe schon eine vollständige Gliederung; bestehend aus der Einleitung in der wir die handelnden Personen, die Ausgangssituation und die Herausforderung kennen lernen, dem zweigeteilten Hauptteil bestehend aus der Auseinandersetzung mit den Herausforderungen, dem Kampf mit dem Widerstand im ersten Teil und aus der Belohnung im zweiten Teil, sowie dem Schluss, in dem der Bezug zum Anfang geknüpft wird und der Redner die Zukunft vorwegnimmt.

Bauen Sie eine Präsentation nach diesem Muster auf, so nutzen Sie die Vertrautheit des Publikums mit bekannten Erzählmustern. Sie brauchen keine Angst davor zu haben, dass das Publikum diese Methode durchschaut und Ihren Vortrag deswegen negativ bewertet. Das Gegenteil ist der Fall. Dadurch, dass Sie kulturell tief verankerte Muster bedienen, regen Sie die Zuhörer an, Ihrem Vortrag zu folgen um herauszufinden, ob das Muster, das diese meinen erkannt zu haben, auch konsequent umgesetzt wird. ➲ **Chart 4**

Nur ganz wenige Menschen nehmen dem Autor oder Regisseur ein Happy End übel. Im Normalfall verhilft das Happy End, also der Verlauf einer Geschichte entsprechend unserem Grundmuster, dem Zuhörer zu einem Erfolgserlebnis *und* er ist anschließend in der Lage Ihren Vortrag nachzuerzählen. So machen Sie den Zuhörer quasi zu einem Eingeweihten Ihrer Präsentation und ziehen ihn dadurch auf Ihre Seite.

Tipp

Es ist hilfreich, Analogiebildung und Reise des Helden miteinander zu verbinden. Denken Sie beispielsweise an „Lassie“, der Held kommt hier aus der Tierwelt (Natur), oder an den Film „Nummer 5 lebt“, in der ein Roboter (Technik) mit menschlichen Eigenschaften und Emotionen zahlreiche Abenteuer erlebt.

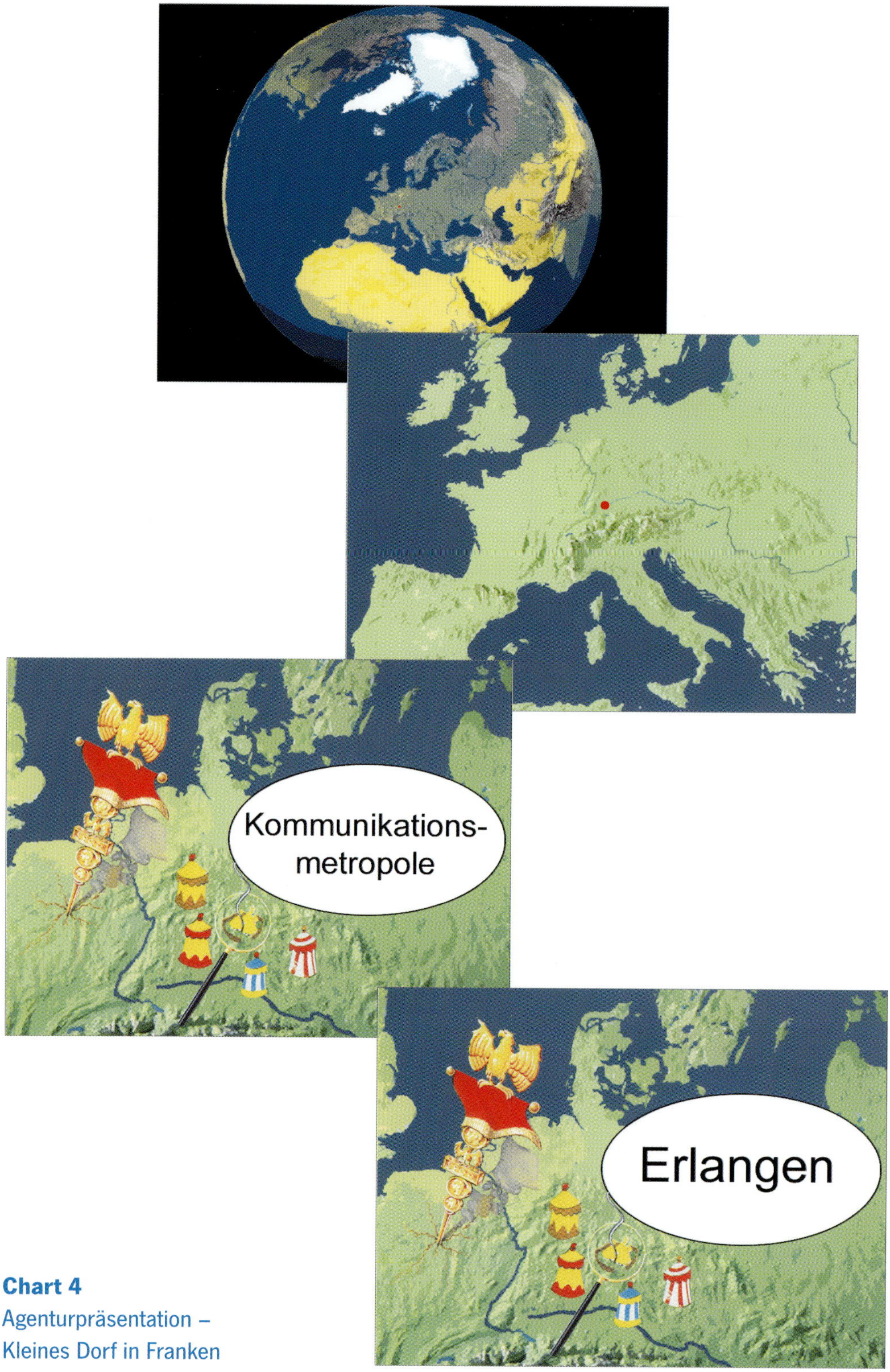

Chart 4
Agenturpräsentation –
Kleines Dorf in Franken

6 Der Name ist Programm

Ziel- und inhaltsorientiert titeln

Einer der ersten Schritte vor Entstehung dieses Buches war die Entwicklung des Titels. Davor lag lediglich das Wissen, dass ein solches Buch notwendig ist und welche Inhalte es in etwa enthalten müsste.

Für mich war der Titel *PowerStories* in zweifacher Hinsicht hilfreich. So wurde mir erstens während des Schreibens permanent deutlich gemacht, dass ich mein Wissen über die Möglichkeiten der Rhetorik und der Präsentation auf die Bereiche „Präsentieren mit *Power*Point" und „Erzählen von *Stories*" beschränken muss. Zweitens hatte ich ein klares Ziel vor Augen: Sie sollten nach Lektüre dieses Buches in der Lage sein, PowerPoint-Präsentationen zu entwickeln, mit denen Sie Ihren Zuhörern gute Geschichten erzählen und sich damit wohltuend von der Masse der „Standard-Präsentatoren" abheben.

Warum schreibe ich darüber, wie dieses Buch entstanden ist? Die Antwort ist die unmittelbare Verwandtschaft zum Entstehungsprozess einer Präsentation. Gerade wenn Sie sich in einem Thema besonders gut auskennen, der Fachmann für diesen Themenbereich sind, fällt es Ihnen vermutlich wie vielen anderen exzellenten Fachleuten schwer, Ihre Präsentation auf die Bedürfnisse der Zuhörer zu beschränken, die Inhalte für „Laien" verständlich zu übersetzen und aufzubereiten.

Um Ihnen dies zu erleichtern, rate ich Ihnen dazu, spätestens dann, wenn Sie Ihre Grundgeschichte mittels *Analogie* oder der *Reise des Helden* entworfen haben, einen Titel für Ihre Präsentation zu prägen. Ein erfolgreicher Titel

- weckt Interesse,
- zeigt worum es geht und
- verrät vielleicht sogar etwas über das Ziel der Präsentation.

Interesse/Aufhänger

Ein guter Titel weckt das Interesse Ihres Publikums. Hierzu ein Beispiel: Stellen Sie sich vor, ein Präsentationstrainer im Hause Siemens möchte die Seminarteilnehmer zu einer kompletten Umgestaltung der eigenen Präsentationskultur anregen. Er beginnt seinen eigenen Vortrag nun mit den – durch eine passende PowerPoint-Folie unterstützten – Worten: „Moderne Wege zu gelungenen Präsentationen.“ Nun stellen Sie sich den gleichen Präsentationstrainer vor, wie er die Präsentation mit den folgenden Worten und Folien eröffnet: ➲ **Charts 5 und 6**

Inhalt

Deutlich wird an diesem Beispiel auch, dass der Inhalt der Präsentation Teil des Titels ist. So wird den Zuhörern bereits im Einstieg klar, worum es im Wesentlichen geht. Dieses Muster findet sich auch in vielen Filmtiteln wieder:

- *Indiana Jones und der Jäger des verlorenen Schatzes*
- *eMail für Dich*
- *Lola rennt*

Dabei ist wichtig, dass nicht der komplette Inhalt in einen möglichst komplizierten Titel verpackt wird, sondern dass der Titel kurz und knapp gehalten ist, die Zuhörer gedanklich jedoch auf die Inhalte der Präsentation (des Films) einstimmt.

Typische Beispiele für Präsentationstitel sind:

- *New Spirit in Leadership* (Präsentation im Rahmen eines Führungswechsels)
- *Leaving the Beaten Track* (Präsentation über neue Ansätze in der Entwicklung)
- *The Battlefields of Communication* (Präsentation über die Themenfelder der Marketingkommunikation)

Ziel

Hilfreich für Sie und das Publikum ist es außerdem, wenn auch das Ziel der Präsentation aus dem Titel zu entnehmen ist. Nicht immer ist dies sinnvoll möglich, doch wenn Sie an das Beispiel *Tod der GDSOF* denken, so sehen Sie, dass es realisierbar ist.

Chart 5 Die GDSOF – was ist das?

Chart 6 Die Auflösung

Den passenden Titel finden

Da nicht jeder unter uns ein Texter ist, dem zu jedem Thema ein passender Titel einfällt, ist es wichtig für die Titelfindung eine geeignete Strategie zu wählen. Ich schlage Ihnen folgendes Vorgehen vor:

Inspirationsquelle „Filmtitel"

Lassen Sie sich von aktuellen Filmtiteln inspirieren. Diese können Sie entweder in der Kinovorschau der Tageszeitungen nachschlagen oder im Internet abrufen. Auch ein Filmlexikon im Internet ist als Inspirationsquelle hilfreich (http://www.kabel1.de/filmlexikon/). Letztere Variante bietet außerdem gleich die Möglichkeit, durch Kurzinformationen wichtiges über einzelne Filme zu erfahren, so dass eventuell sogar Ihre *PowerStory* in groben Zügen einer bekannten Filmhandlung folgen kann. In der Praxis sind mir bereits zwei Präsentationen von unterschiedlichen Rednern begegnet, die ihre Präsentation an der „Star-Wars-Geschichte" ausgerichtet hatten.

Tipp

Wenn Sie im Internet recherchieren, dann haben Sie außerdem gleich die Möglichkeit, sich geeignete Bilder aus den einzelnen Filmen zur visuellen Illustration Ihrer Präsentation herunterzuladen. Beachten Sie jedoch die dann geltenden Urheberrechtsvorschriften für Bild- oder Filmmaterial. Das bedeutet, dass Sie im Prinzip für jede Nutzung eine Genehmigung einholen sollten, da die Rechte in der Regel beim Filmverleih liegen. Lediglich für unternehmensinterne Präsentationen die nicht kommerziellen Zwecken dienen, bekommen Sie in der Regel keine Schwierigkeiten wenn Sie urheberrechtlich geschütztes Material verwenden. Wenn Sie jedoch vor Kunden oder sogar zum Zwecke des Gelderwerbs präsentieren, dann sollten Sie auf jeden Fall eine Genehmigung einholen, auch wenn unter Umständen geraume Zeit vergeht bis Sie die Genehmigung erhalten.

Inspirationsquelle „Internet"

Eine weitere gute Quelle ist der Besuch professionell gestalteter Internetseiten anderer Unternehmen. In der Regel geben Unternehmen viel Geld für Agenturen aus, die Inhalte für das Internet so aufbereiten, dass sie der eilige „Surfer" schnell aufnehmen kann. Das Ergebnis sind häufig kurze, markante Aussagen, die sich abändern und als Titel verwenden lassen. So stammt beispielsweise auch der oben angeführte Titel *Leaving the Beaten Track* aus der Selbstdarstellung eines Hörgeräteherstellers aus dem Internet.

Inspirationsquelle „Marketing“

Die wichtigste Quelle jedoch, insbesondere für Verkaufs- und Unternehmenspräsentationen, stellt das unternehmenseigene Marketing dar. Wenn Sie sich das Marketingmaterial Ihres Unternehmens noch einmal bewusst ansehen, so werden Sie feststellen, dass viele Slogans, viele markante Aussagen eins zu eins in Ihre Präsentation als Titel übernommen werden könnten. Meist geschieht dies jedoch nicht, weil der Präsentierende mit diesen Aussagen bereits so vertraut ist, dass er die Bedeutung und Schlagkraft, die hinter diesen Aussagen steht, schon gar nicht mehr erkennt. Auf einen Außenstehenden hingegen wirken diese Aussagen noch. Zudem hilft es, wenn die Zuhörer nach einem Vortrag durch einen Slogan, der ihnen im Alltag wieder begegnet, erneut an die Inhalte des Vortrags erinnert werden. Warum also nicht *Never Stop Thinking* (Infineon) als Vortragstitel?

7 Das Storyboard schreiben

Um die Umsetzung der gesammelten Inhalte und der Geschichtenidee in eine PowerPoint-Präsentation zu erreichen, folgt nun die Entwicklung eines so genannten Storyboards. Dabei geht es darum den roten Faden Ihrer Präsentation zu entwickeln und die Redeinhalte in einer Form zu visualisieren, die es dem Präsentator später erlaubt die Präsentation auch ohne ständige Kontrollblicke auf die an die Wand projizierten Charts zu halten.

Die Dramaturgie

Zunächst sollten Sie sich für eine bestimmte Dramaturgie entscheiden, sofern Sie dies nicht bereits im Rahmen Ihrer „Geschichten-Definition" getan haben. Aus den vielen Möglichkeiten, die sich Ihnen hier bieten, habe ich Ihnen die drei herausgesucht, die für Präsentationen in der Praxis die meiste Bedeutung haben und daher auch in unterschiedlichen Variationen vorkommen.

Drei Akte – sieben Phasen

Vertiefen wir nun nochmals die Reise des Helden anhand einer Business-Präsentation. Schritt eins – im klassischen Theater der erste Akt – besteht darin, dass die Geschichte eingeführt wird. In der Regel werden hier folgende inhaltliche Phasen umgesetzt:

1. Akt

Phase 1, *Interesse wecken*, die ersten Charts, die die Zuhörer neugierig auf die folgenden Inhalte machen. Der starke Titel, der ein Versprechen und gleichzeitig ein Köder ist, den das Publikum schluckt.

Phase 2, *die Ausgangssituation umreißen*, der Redner stellt in kurzer und knapper Form die wichtigsten Fakten dar, die die momentane Situation kennzeichnen. Dies kann sowohl rein sprachlich, durch typische Businessgrafiken oder durch visualisierende metaphorische Bilder (z.B. ein weinendes Kind) geschehen. Beim Publikum entsteht der Eindruck „jetzt muss etwas geschehen" und es ist bereit für den Helden, der das „Abenteuer" in Angriff nimmt.

Damit ist die Überleitung zum zweiten Akt und zum zweiten Schritt der Reise des Helden geschaffen. Dieser Akt unterteilt sich jetzt wiederum in drei Phasen.

2. Akt

Phase 3, *einstimmen auf die Haltung*, die die Zuhörer den Redeinhalten gegenüber einnehmen sollen. Bei einer Präsentation beispielsweise zum Ablauf der Migration von SAP R/2 auf SAP R/3, werden jetzt immer wieder (Sprach-)Bilder gebraucht, die die Vorteile der Mitarbeiter nach der Migration deutlich machen. PowerPoint-Folien mit lachenden Mitarbeitern vor Ihren Rechnern sind zu sehen, aber auch Folien, auf denen von Unannehmlichkeiten durch zu erwartende manuelle Datenübernahmen in Einzelfällen zu lesen ist. Wichtig ist in dieser Phase, dass sich das Publikum von den positiven Bildern unbewusst so stark beeinflussen lässt, dass es sich trotz aller Schwierigkeiten innerlich bereits in Richtung der Rednerabsichten orientiert.

Tipp

In vielen Präsentationen werden Bilder lediglich als schmückendes Beiwerk zu Text gebraucht. Damit verlieren Bilder jedoch deutlich an Wirkung. Verwenden Sie PowerPoint-Folien, auf denen lediglich ein Bild, wie in Phase 1 beispielsweise das weinende Kind oder in Phase 2 die lachenden Mitarbeiter, zu sehen ist, so wirkt die Folie auf der emotionalen Ebene viel stärker. Die Zuschauer nehmen die Bildaussage auf, verknüpfen diese mit eigenen Erfahrungen und somit eigenen Emotionen und folgen damit unbewusst dem roten Faden des Redners. Geeignete Bilder finden Sie leicht, wenn Sie sich der Bildhaftigkeit Ihrer Sprache bewusst werden:

„Das bringt uns in eine Notsituation!" – das Bild eines Kletterers an der Wand eingehüllt in Regenschauer.

„Unsere Mitarbeiter brauchen das Gefühl von der Führung wahr- und ernstgenommen zu werden." – das Bild der Mutter, die konzentriert ihrem Kind zuhört, welches gerade etwas über ein Gänseblümchen erzählt.

Sobald Sie sicher wissen, welche Bilder in Ihrer Präsentation auftauchen sollen, können Sie diese leicht recherchieren. Im Internet finden sich zahlreiche Anbieter, die Fotokataloge online offerieren und Ihnen dort die Möglichkeit bieten, Bilder von Profifotografen in erstklassiger Qualität zu erwerben, die exakt die Aussagen Ihrer Präsentation stützen.
(http://www.fontshop.de)

Phase 4, *der Höhepunkt*, die Auseinandersetzung des „Helden" mit den wesentlichen Schwierigkeiten und der „Sieg" durch emotional ansprechende und sachlich überzeugende Lösungen. Die Zuhörer werden in dieser Phase ganz massiv mit der Problematik der Situation konfrontiert, oft scheint es geradezu ausweglos, bis der Redner dann *die* Lösung präsentieren kann. Im Rahmen einer Businesspräsentation wird diese Phase möglicherweise dadurch eingeleitet, dass zu Ende von Phase 3 die negativen Bilder immer stärker werden, es droht das Szenario, dass eine Migration trotz aller ursprünglich gegenteiligen Beteuerungen seitens SAP nur durch einen massiven Anteil an manueller Datenübernahme erfolgen kann. Zu Beginn der Phase 4 sind die Stimmung der betroffenen Mitarbeiter und die Auswirkungen auf das Unternehmen deutlich im Raum spürbar. Jetzt tritt der „Held" im Sinne einer ungewöhnlichen Lösung auf und präsentiert, wie sich durch eine minimale Investition in die Programmierung eines kleinen Zusatz-Software-Tools das Problem im Rahmen der Projektfristen aus der Welt schaffen lässt. Die Bilder der lachenden Mitarbeiter sind den Zuhörern plötzlich wieder präsent, was üblicherweise auch durch die erneute Einblendung der entsprechenden Folien unterstützt wird.

Phase 5, *der zusammenfassende Rückblick*, die Integration der Zuhörer in die Problemlösung. Nachdem sich die Inhalte in Phase 4 dramatisch zugespitzt hatten, ist es nun notwendig, die wesentlichen Punkte „neutralisiert", das heißt sachlich auf den Punkt zusammenzufassen: Ausgangssituation, drohende Konsequenzen und Lösungsvorschlag. Dem Publikum wird in dieser Phase das Gefühl gegeben, dass die von ihm zu treffende Entscheidung nicht alleine durch die Emotion geprägt, sondern sachlich und rational fundiert ist. Somit wird der Zuhörer in dieser Phase in einer Form in die Präsentation integriert, die es ihm erlaubt eine rationale Entscheidung zu treffen.

Der dritte Akt, der nun tatsächlich aus den beiden noch fehlenden Schritten der Reise des Helden besteht, beginnt für die Zuhörer erfreulich und endet in der klaren Aufforderung zur Entscheidung, zur Umsetzung. 3. Akt

Phase 6, *die Belohnung ahnen*, das Zuckerchen für die positive Entscheidung der Audienz. Mit wenigen kurzen Worten und in der Regel mit einem starken Bild (PowerPoint-Folie) verstärkt der Redner nun das „Siegesgefühl" nach der Auseinandersetzung bei den Zuhörern. Ziel ist es in dieser Phase den Zuhörern das Gefühl zu geben, dass sie, wenn sie den Empfehlungen des Präsentierenden folgen, die richtige Entscheidung treffen.

Phase 7, *der Bogenschluss*, rundet die Präsentation für die Zuhörer ab. In dieser Phase macht sich der Redner unsere kulturelle Eigenart zunutze, die darin besteht, eine Geschichte erst dann als abgeschlossen zu betrachten, wenn der „geläuterte und durch Erfahrung erstarkte Held" wieder an den Ausgangspunkt seiner Abenteuer zurückgekehrt ist. Denken Sie dabei einmal an Märchen: Bricht der Held aus einem Schloss auf, so kehrt er am Ende wieder dorthin zurück. In der Präsentation ist dieser Weg genauso leicht zu zeichnen, indem am Ende ein Motiv aus Phase 1 oder Phase 2 sowohl sprachlich, als auch durch ein Bild (Folie) aufgegriffen wird. Dabei kann und sollte sich am Ende ein Detail verändert haben. So wie der Held reifer und erfahrener geworden ist, so hat sich die Ausgangssituation durch den Vortrag verändert. Dies wird entsprechend visuell unterstrichen. ➲ **Chart 7**

Chart 7
Comic-Strip – uvex

08:12
Lieferzone...
uvex
08:20
Wintergarten...
09:00
Überholspur...
uvex
09:07
Bitte Lächeln...
09:12
Zimmer 213...
09:23
Präsentationsraum...
09:31
Firmenparkplatz...
09:32
Airport...
uvex
09:40
Empfang...
09:43
Kleine Wartepause...
uvex
09:43
U-Bahn...

Chart 7
Fortsetzung

17:03
Sport Scheck...
uvex
17:05
Radsportabteilung...
17:15
Fitnessraum...
17:42
Und nun?
18:52
Firmenparkplatz...
N°HS 364
19:30
Im Kino...
19:30
Lindestadion...
uvex uvex uvex
21:51
Auf Empfang...
22:33
www.uvex.de
23:00
Kuß und Schluß!
Pete Spring und Bea Sommer,
begeisterte uvex-Kunden, haben sich
und uvex kennen und lieben gelernt.
Spätere Heirat nicht ausgeschlossen!
Jo Herbst startete mit uvex
geschäftlich und privat durch.
3. Platz beim Klassiker des Radsports
„Rund um den Henninger Turm"
ENDE

Jo, Ha, Kyu

Universaler Rhythmus

Vor rund 600 Jahren sagte der japanische Noh-Lehrer Motokiyo Seami (1363-1443): „Jedes Phänomen im Universum entwickelt sich in einer bestimmten Sequenz. ... Sie heißt: Jo, Ha, Kyu."

Dabei steht die Bezeichnung „Jo, Ha, Kyu" für eine bestimmte rhythmische Struktur: Langsam beginnen, dann allmählich immer schneller werdend zum Höhepunkt gelangen, nach dem Höhepunkt eine Pause einlegen, um anschließend wieder langsam mit dem nächsten Zyklus zu beginnen. Die Übersetzung der einzelnen Begriffe lautet demnach auch

- Jo = Anfang/Eröffnung,
- Ha = Entwicklung und
- Kyu = schnell/Höhepunkt.

Die Aussage von Motokiyo Seami besagt, dass es sich bei diesem Rhythmus um einen universalen Rhythmus handelt, den er folgerichtig in den Inszenierungen des Noh-Theaters umgesetzt hat.

In meinen Präsentationsseminaren verwende ich eine einfache Übung, die unterstreicht, dass dieser Rhythmus nicht nur in der japanischen Kultur verankert ist, sondern auch im westlichen Kulturkreis. Ich bitte die Teilnehmer sich in einen Kreis zu setzen, die Augen zu schließen und in die Hände zu klatschen. Dabei sollen sie versuchen, einen einheitlichen Klang hervorzubringen. Das Ergebnis ist, dass die Gruppe nach einer kurzen Phase der Eingewöhnung zunächst in einen langsamen gemeinsamen Rhythmus fällt, dann immer schneller wird und nach einem Höhepunkt in eine ruhige Phase der Erholung übergeht. Wenn ich die Übung an dieser Stelle weiter laufen lasse, so entwickelt sich danach erneut eine langsame Beschleunigung mit einem neuen Höhepunkt und so fort. Dabei ist allerdings schön zu beobachten, dass die einzelnen Höhepunkte nicht alle die gleiche Intensität haben, manche heben sich deutlich hervor, bei anderen ist nur eine sehr kurze Steigerung zu beobachten.

Übertragen wir nun dieses Schema auf ein Präsentation, so bedeutet dies für Sie, dass Sie Ihr Storyboard so anlegen, dass die Geschichte mehrere klar definierte Höhepunkte enthält, auf die Sie jedes Mal langsam aber stetig beschleunigend hin arbeiten und danach den Zuhörern eine Pause zur Verarbeitung der vorherigen Inhalte einräumen. Wenn Sie berücksichtigen, dass selbst wohlmeinende Zuhörer bei einer längeren Präsentation stets Phasen haben, in denen ihre Aufmerksamkeit nachlässt, so ist es Ihren Inhalten sogar dienlich, wenn Sie Ihre Pausenphasen mit den Phasen der nachlassenden Aufmerksamkeit der Zuhörer bewusst koordinieren.

Rhythmus einer Unternehmenspräsentation

Eine Unternehmenspräsentation könnte dann beispielsweise so aussehen:

Jo (1) – Eröffnung. Begrüßung der Zuhörer, langsame Beschleunigung hin zu einem Präsentationstitel und einer überraschenden Erstaussage.

Ha (1) – Beschleunigung. Eine schnelle Abfolge einzelner Bilder oder markanter plakativen Aussagen, welche die Leistungsfähigkeit des von Ihnen vertretenen Unternehmens deutlich macht. (Bilder von positiv verrückten Mitarbeitern, Aussagen, die an Slogans erinnernd die Innovationskraft des Unternehmens unterstreichen).

Kyu (1) – Höhepunkt. Bild und Erläuterung eines Innovationspreises, den das Unternehmen gerade aktuell gewonnen hat.

Jo (2) – Eröffnung des zweiten Präsentationsabschnitts, Verlangsamung. Die Zuhörer werden nun mit den Fakten konfrontiert, die den Erfolg Ihres Unternehmens belegen. Umsatzzahlen, Mitarbeiter- und Kundenwachstum.

Ha (2) – Beschleunigung hin zu dem, was Ihr Unternehmen für den Kunden tun könnte. Visionen unterlegt mit Bildern, über die Auswirkungen der gemeinsamen Anstrengungen.

Kyu (2) – Höhepunkt. Fotomontage der beiden Unternehmensinhaber bei der Entgegennahme des Preises im Folgejahr.

Jo (3) – Eröffnung des dritten Präsentationsabschnitts, Verlangsamung. Sie erläutern nun, welche konkreten Schritte Ihrer Meinung nach zu tun sind um das zu erreichen, was Sie kurz zuvor präsentiert haben.

Ha (3) – ....

Da diese Form der Präsentation dem natürlichen strukturellen Rhythmusempfinden des Publikums folgt, werden die Zuhörer diese Art der Präsentation niemals langweilig oder gar langwierig empfinden. Im Gegensatz zur im Abschnitt zuvor beschriebenen klassischen Präsentation in drei Akten, die mit einem zentralen Höhepunkt auskommt und entsprechend eine Aussage in den Mittelpunkt der Präsentation stellt, können Sie mittels *Jo, Ha, Kyu* mehrere Aussagen gleichrangig betonen und entsprechend vermitteln.

Tipp Nutzen Sie die Grundaussagen, die Sie gemäß Kapitel 4 für Ihre Präsentation definiert haben als Ziele für die Höhepunkte der Kyu-Phasen. Besser als während der Klimax des Kyu können Sie Ihre Aussagen beim Publikum gar nicht platzieren.

Stationendrama

Als dritte Möglichkeit für eine Dramaturgie stelle ich Ihnen hier eine Variation des Jo, Ha, Kyu vor, das Stationendrama. Ein Stationendrama lebt davon, dass die Teilnehmer der Präsentation zusammen mit dem Referenten auf eine Reise gehen und an unterschiedlichen Stationen jeweils Mini-Präsentationen erleben. Da zwischen den einzelnen Stationen in der Regel stets Publikumsbewegung notwendig ist, ähnelt diese Dramaturgie stark der zuvor beschriebenen Variante.

Der Ablauf: An Station 1 begrüßt der Redner sein Publikum. Er führt mittels Worten in das Thema ein (Titel, Geschichte). Er macht sein Publikum neugierig auf das was dann kommt und lädt anschließend dazu ein, ihm zur nächsten Station zu folgen. Typischerweise beginnt so eine Präsentation in einem Foyer oder vor den Fabrikationshallen.

Nach dieser Einführung bewegen sich die Teilnehmer zu Station 2. Dort wird der erste Höhepunkt zu erleben sein. Beispielsweise folgt nun eine PowerPoint-Präsentation, die kurz und knackig auf eine Kernaussage hinausläuft: „Unser neues Produkt ist das erste auf der Welt, das der Anforderung XXX genügt."

Jetzt folgt die Pause, die Teilnehmer werden gebeten aufzustehen und in die Halle zu folgen. Dort erwartet sie Station Nr. 3.

Tipp Eine weitere Dramatisierung der Präsentation lässt sich erreichen, wenn ergänzend die Technik des *Verbotenen Ortes* eingesetzt wird. Dies bedeutet, dass in unserem Beispiel das Erreichen der Halle für die Zuhörer nicht als selbstverständlich angesehen wird, sondern dass es der Legitimation bedarf. So könnte ein eigens dafür abgestellter Mitarbeiter bereits den Übergang vom Foyer zu Station 2 nur dann erlauben, wenn die Teilnehmer eine Einladungskarte vorweisen können. Diese Karte muss dann sorgfältig geprüft und als geprüft gekennzeichnet werden.

Der Schritt von Station 2 zu Station 3, der Halle, wird dann erneut überwacht, indem ein weiterer Mitarbeiter (Zerberus) die Eintretenden verpflichtet eine Geheimhaltungserklärung zu unterschreiben und sich hierbei zusätzlich erneut der Identität der Zuhörer versichert. Die Tatsache, dass es für die Einzelnen nicht so einfach ist, den Ort der eigentlichen Präsentation zu erreichen, steigert den Wert des dort Dargebotenen. Der Zuhörer wird zum Eingeweihten, er gehört plötzlich zum Kreis der Auserwählten und nimmt in der Folge die Inhalte völlig anders wahr. Dieses Prinzip lässt sich in vielen Präsentationen umsetzen, alleine dadurch, dass Sie die Einladung prüfen, den Raum erst nach Ihrer Freigabe öffnen und nicht wie sonst häufig üblich jedem zu jeder Zeit den Zutritt gestatten. Nebenbei, das im Alltag häufig zu beobachtende Verhalten einiger Teilnehmer, stets zu spät zu Präsentationen zu kommen, findet schnell ein Ende, wenn der Zugang zum Raum bei Verspätung einfach nicht mehr möglich ist. Auch die Störung durch Handy kann durch den kontrollierenden „Zerberus“ vor dem Eintritt leicht verhindert werden.

In der Halle, also bei Station 3 folgt nun eine weitere kurze Einführung, die dazu dient langsam die Spannung zu steigern, bevor dann endlich das Produkt enthüllt wird und den Zuschauern (für eine kurze Zeit, zur weiteren Erhöhung der Produktwertigkeit) zur Beobachtung freigegeben wird.

Anschließend wird die Halle wieder verlassen, die Gruppe kehrt zurück zu Station 2, hat dort die Möglichkeit nochmals Fragen zu stellen, bevor sie abschließend zu Station 1 geführt wird, damit bei einem kleinen Umtrunk die Präsentation ausklingen kann.

Sie sehen also, das Stationendrama folgt in weiten Teilen der inneren Struktur des Jo, Ha, Kyu und verstärkt diese sogar dadurch, dass die Bewegung des Publikums mit dieser Struktur einhergeht.

8 Das Storyboard skizzieren

Jetzt sind alle vorbereitenden Schritte für das Storyboard abgeschlossen:

- Sie haben Ihr Präsentationsziel definiert.
- Sie kennen Ihr Publikum.
- Sie haben die Inhalte zusammengestellt und die Grundaussagen formuliert.
- Sie haben Analogien gebildet und ein Gerüst für eine Story.
- Sie haben sich für einen markanten Titel entschieden.
- Außerdem haben Sie eine Dramaturgie festgelegt.

Nun haben Sie Ihre Vorbereitung in eine feste Abfolge von Bildern für Ihre PowerPoint-Präsentation umzusetzen. Stellen Sie sich das Storyboard als Anweisung für jemanden vor, der einen Film dreht und anhand der Bildskizzen seine Vorbereitung der Aufnahmen treffen soll. Nehmen Sie sich also einen Block, zeichnen Sie auf diesen Block mehrere Rahmen, die die einzelnen Folieninhalte aufnehmen sollen und beginnen Sie damit Schritt für Schritt die Folien zu skizzieren, und somit ein *Scribble* anzufertigen.

Tipp

Wenn Sie sich in PowerPoint eine Präsentation mit neun leeren weißen Folien anlegen und dann mit der Funktion Handzettel, neun Folien je Seite (Office XP), ausdrucken, erhalten Sie eine Vorlage für Ihre Skizzen, die Sie nur noch ausfüllen müssen.

Wichtig ist dabei, dass Sie für jede Animation, die Sie planen, wirklich eine eigene Folie zeichnen. Auf diese Art prägen Sie sich bereits jetzt bei der Folienentwicklung die später notwendigen Mausklicks ein. Außerdem vermeiden Sie eine Überanimation von Folien bereits in der Vorbereitungsphase, weil es lästig ist, häufig eine nahezu identische Folie zu zeichnen.

von Hand „scribbeln“

Der Vorteil dieser manuell-händisch durchgeführten Arbeit gegenüber der sofortigen Gestaltung am PC liegt darin, dass Sie sich nochmals die Logik Ihrer Geschichte bewusst machen, bevor eine Abfolge durch die investierte Gestaltungsarbeit und

-zeit am Rechner quasi zementiert ist. Dadurch, dass Sie sich visuell die Wirkung der Gesamtpräsentation in einer frühen Phase verdeutlichen und sich beispielsweise Schwachstellen wie „zuviel Text“ schnell offenbaren, können Sie Fehler leicht vermeiden, bevor Sie Arbeit investieren. Letztlich spart Ihnen die „Handarbeit“ Zeit, die Sie dann in die grafische Gestaltung investieren können.

Die wirklich gelungene grafische Gestaltung von PowerPoint-Folien ist, wie Sie später im weiteren Verlauf des Buches noch lesen werden, trotz der Möglichkeiten der modernen Datenverarbeitung nichts, was ein „Nicht-Grafiker“ einfach so nebenher machen kann. Aus diesem Grund stellt ein „gescribbeltes“ Storyboard eine ideale Vorlage für Fachleute dar, Ihre Präsentation in Ihrem Sinne zu gestalten. ➲ **Chart 8** Tipp

Chart 8
Storyboard-Scribbles (Beispiel)

9 Die Audienz einbeziehen

Einer der größten Nachteile bei klassischen Reden und bei Präsentationen mit PowerPoint ist, dass die Zuhörer meistens zur passiven Informationsaufnahme verdammt sind. Dies erweist sich insbesondere für die Zuhörer als Nachteil, die über den auditiven bzw. visuellen Kommunikationskanal – die beiden bei Reden und Präsentationen in der Regel bevorzugt genutzten Kommunikationskanäle – nur schwer erreicht werden können.

Kommunikationskanäle

Die Unterteilung in fünf Kommunikationskanäle *visuell* (sehen), *auditiv* (hören), *kinästhetisch* (fühlen), *oligofaktorisch* (riechen) und *gustatorisch* (schmecken), berücksichtigt, dass jeder Mensch auf diesen fünf Kanälen sinnlich wahrnimmt und im Laufe der Zeit einen der Kanäle zu einer Art Hauptkanal entwickelt. Das bedeutet, dass er Informationen, die ihm auf diesem Kanal angeboten werden, besonders leicht verarbeiten kann.

Nun legt die klassische Präsentation die Adressierung des auditiven und visuellen Kommunikationskanal aufgrund ihres Wesens nahe. Sprache ist vom Grundsatz her auditiv und Hilfsmittel wie PowerPoint oder Flip-Chart sind visuell. Doch bieten gerade die anderen drei Kanäle auf Grund ihres „Stiefmütterchendaseins" die Möglichkeit für den Präsentierenden sie als Höhepunkte in die Präsentation einzubauen.

Denken Sie nur einmal an die „klassische" Produktpräsentation bei einer Weinprobe: Wenn der Winzer erst etwas zu seinem Anbaugebiet und den Rebsorten sagt, dann der oligofaktorische und gustatorische Höhepunkt der Verkostung folgt, kombiniert mit der Präsentation der Flasche und der Möglichkeit diese in die Hand zu nehmen und selber das Etikett zu lesen, so hat er damit eine ganzheitlich-sinnliche Präsentationssituation geschaffen, von der seine „Zuhörer" gerne berichten. Einige solcher Möglichkeiten, die Audienz in den Vortrag einzubeziehen stelle ich Ihnen nun vor.

Eintrittskarte mit Bedeutung

Erinnern Sie sich noch an den *verbotenen Ort* aus dem vorherigen Kapitel? Dort war vom *Zerberus* die Rede, der als eine Art Torwächter nur Berechtigte von einem Raum zum nächsten gelangen lässt. Auf diesem System baut die *Eintrittskarte mit Bedeutung* auf.

Die Zuhörer erhalten vor der Veranstaltung eine Eintrittskarte zugestellt mit dem wichtigen Hinweis, diese in jedem Fall zur Veranstaltung mitzubringen. Die Karten sind in unterschiedlichen Farben gehalten, wovon die einzelnen Zuhörer jedoch im Vorfeld nichts wissen.

Bei der Veranstaltung, nehmen wir das Beispiel der Vorstellung einer neuen Marketingkonzeption für ein einzuführendes Produkt, werden diese Eintrittskarten kontrolliert und den Zuhörern zurückgegeben. Während des Vortrags spricht der Referent nun über definierte Zielgruppen und die zugehörigen Zielgruppenmerkmale. Bevor er eine zusammenfassende Gegenüberstellung der verschiedenen Gruppen und Merkmale auf einer PowerPoint-Folie an die Wand wirft, bittet er nun das Publikum die Eintrittskarten herauszuholen und sich zu sortieren: „Diejenigen mit den roten Karten nehmen bitte die roten Stühle, die mit den grünen Karten die grünen Stühle und die mit den gelben Karten die gelben Stühle. Wenn Sie Ihren Platz gefunden haben, dann vergleichen Sie einmal, in wieweit die auf der Folie aufgeführten und farblich entsprechend codierten Zielgruppenmerkmale auf Sie persönlich zutreffen."

Das Publikum sieht sich in so einer Situation plötzlich mit aktiver Handlung konfrontiert. Sie greifen in ihre Unterlagen, holen die Karten, die auf einmal eine weitere Bedeutung gewonnen haben, heraus, sie stehen auf, geraten dadurch in Bewegung und erfahren die Inhalte des Vortrags auf einmal am „eigenen Leib". Der Höhepunkt ist dem Redner in dieser Präsentation gelungen, und er kann sicher sein, dass das Publikum die Unterscheidung in drei Zielgruppen mit deutlich voneinander abgegrenzten Merkmalen weitaus besser in Erinnerung behalten wird als alleine durch einen foliengestützten Vortrag.

Tipp

Achten Sie als Präsentierender darauf, dass ein in Bewegung gebrachtes Publikum ganz exakter Anweisungen bedarf, was es tun und wie bzw. wohin es sich bewegen soll. Die Aufforderung „Nehmen Sie Ihre Eintrittskarten und setzen sich auf die entsprechenden farblich gekennzeichneten Stühle." ist in der Praxis nicht ausreichend, da einige diese Erklärung nicht verstehen werden, andere gerade nicht zugehört haben und dritte der Meinung sind, dass ihre Karten eher orange als rot sind und daher ihre Stühle fehlen. In der ursprünglich beschriebenen Form werden die Zuhörer jedoch an die Hand genommen. Gelbe Karte geht auf gelben Stuhl. Rote Karte geht auf roten Stuhl und grüne Karte auf grünen Stuhl. Hat jemand nicht zugehört und besitzt die erstgenannte Kartenfarbe, so kann er anhand der anderen Erklärungen auf die für ihn geltende Anweisung schließen. Hat jemand die Anweisungen nicht verstanden, obwohl diese sehr einfach gehalten sind, so findet sich bestimmt ein Nachbar, der ihm diese erklären kann. Und demjenigen mit dem Orange-Rot-Problem wird durch die bestimmte Art und die fehlenden Wahlmöglichkeiten deutlich gemacht, dass seine „orange" Karte per Definition rot ist.

Diese einfache Variante der *Eintrittskarte mit Bedeutung* lässt sich noch vielfältig variieren. So könnten beispielsweise auf den Karten einzelne Worte aufgedruckt sein, die dann in der Präsentation zusammengesetzt werden müssen und eine gemeinsame Aussage ergeben. Oder – in einer sehr penetranten Variation, die nur für manche Zielgruppen geeignet ist – sind die Karten bei Eintritt in den Raum mit jeweils einer Frage an den Referenten zu versehen und dann in die Höhe zu heben, wenn der Referent die Frage durch seinen Vortrag beantwortet hat. Mit dieser Variante sorgt der Redner dafür, dass er permanent für *alle* sichtbare Rückmeldungen darüber bekommt, wie gut er sich auf die Zielgruppe und deren Belange vorbereitet hat. Am Ende kann er dann die noch offenen Frage abrufen und beantworten.

Der Legoturm

Eine weitere Form von Interaktion ist mit großen Lego-(Duplo-)steinen möglich. Bei dieser Form gibt der Präsentierende den Teilnehmern beim Eintritt in den Raum die Möglichkeit, sich aus einem Korb mit großen Legobausteinen zu bedienen. Die Teilnehmer reagieren in der Regel überrascht, doch bereits während sie sich setzen, kommt bei ihnen der „Spieltrieb" durch. Einzelne Steine von Sitznachbarn werden zu kleinen

Skulpturen zusammengesetzt. Dieser Effekt ist erwünscht – führt er doch durch das kinästhetische Element Lego zu einer ungewohnten und gelockerten Präsentationsatmosphäre.

Dann beginnt die Präsentation, in der es beispielsweise darum geht, die Zustimmung der anwesenden Bereichsleiter zu gemeinsamem Handeln bei der Einführung von SAP zu bekommen. Während der Präsentation erzählt der Referent die Geschichte eines sich entwickelnden Kindes, welches zunächst mit den Eltern, dann alleine und schließlich mit den Freunden zusammen spielt. Dabei ist es kein Zufall, wenn bei den Bildmotiven Legosteine eine Rolle spielen. Nachdem der Referent die Übertragung der Spielsituation auf die Firmensituation geschafft hat, fordert er nun die Bereichsleiter auf, gemeinsam zu handeln, nach vorne zu kommen und ein gemeinsames Symbol für die vor ihnen liegende Zeit zu schaffen.

Bei dieser Präsentation ist der animierende Höhepunkt bewusst auf das Ende verlegt worden. Durch die aktive Handlung, die von den Bereichsleitern ausgeführt wird, unterstützt der Redner seinen Appell zu künftigem gemeinsamen Handeln – denn bereits in diesem Augenblick wird gemeinsam agiert.

Tipp

Bereiten Sie bei einer solchen Präsentation den Bereich, in dem gehandelt werden soll, sehr gut vor. Sie brauchen einen Tisch, um den herum sich *alle* Anwesenden aufstellen können. Andernfalls gibt es plötzlich Zuhörer in der zweiten Reihe, die einfach ihre Steine nach vorne reichen und selber nicht unmittelbar aktiv werden (was dem gewünschten Handlungseffekt krass zuwiderlaufen würde). Auch die Idee, die Teilnehmer auf dem Boden die Skulptur bauen zu lassen, ist riskant. Stellen Sie sich statusbewusste Zuhörer vor, denen Sie zumuten, tatsächlich wie Kinder auf den Knien über den Boden zu rutschen, während Sie wie Papa oder Mama daneben stehen. Schließlich, dies ist jedoch abhängig von Ihrer Einschätzung des Publikums, kann es hilfreich sein, den Zuhörern eine Vorgabe zu machen, was sie gemeinsam bauen sollen. Damit vermeiden Sie auf jeden Fall Auseinandersetzungen am Tisch, unterbinden aber gleichzeitig die Identifikation mit dem gemeinschaftlich geschaffenen Symbol.

Quiz

„Wer wird Millionär?“ Diese Sendung mit Günther Jauch hat in Deutschland einen „Quiz-Boom“ ausgelöst. Dies können Sie sich auch als Redner in einer Präsentation zu Nutze machen. Die Regeln sind einfach. Zunächst stellen Sie eine Frage, die über PowerPoint plakativ an die Wand geworfen wird. Dann blenden Sie verschiedene Antwortmöglichkeiten ein und belohnen die richtige Antwort der Zuhörer, während Sie gleichzeitig die richtige Antwort an der Wand für alle sichtbar visualisieren.
➲ **Chart 9**

Dabei kommt bei dieser Art der Publikumsaktivierung sowohl der Art der Belohnung, als auch der Ernsthaftigkeit der Durchführung eine wesentliche Bedeutung zu. In der Praxis hat sich der spielerische Umgang mit der Quizsituation, also ein geringer Grad an Ernsthaftigkeit in der Regelverfolgung und hoher Grad an Ernsthaftigkeit in Bezug auf die inhaltliche Richtigkeit, als am wirkungsvollsten herausgestellt.

Tipp Belohnen Sie richtige Antworten unmittelbar mit Süßigkeiten (gustatorisch). Spielerisch bleibt die Belohnung, wenn Sie die Anzahl der für eine richtige Antwort verteilten Süßigkeiten ständig variieren, wenn Sie Belohnungen für die langsamste Antwort oder als Ansporn zur Besserung für falsche Antworten verteilen, wenn Sie Süßigkeiten auch wieder wegnehmen, weil Ihnen eine Antwort zu provokativ oder zu schnell war. Durch diese von Ihnen eingeführten „Ungerechtigkeiten“ vermeiden Sie, dass die Gruppenmitglieder in einen echten Wettkampf miteinander geraten, die Aufmerksamkeit bleibt jedoch trotzdem voll erhalten und es entsteht eine lockere Atmosphäre des gemeinsamen Spiels. Inhaltlich müssen Sie jedoch immer sehr präzise sein. Das bedeutet, dass Sie bei aller Lockerheit, nicht einfach nur „stimmt“ zu einer richtigen Antwort sagen, sondern die Antwort um Ihre Ausführungen ergänzen. Schließlich ist das Quiz ein Teil Ihres Vortrags und nicht nur Show.

Höhepunkt des Quiz ist in jedem Fall die Übergabe des Hauptpreises. Dies ist in der Regel ein tatsächlich lohnender Preis, der inhaltlich in Zusammenhang mit dem Thema der Präsentation steht und an denjenigen mit den meisten Punkten verliehen wird. Verteilen Sie beispielsweise wie vorgeschlagen Süßigkeiten anstelle von Punkten, so gewinnt derjenige, der die meisten Süßigkeiten gesammelt hat. „Naschkatzen“ sind jetzt natürlich

Chart 9 Quizfolien zum KundenProfiling®

im Nachteil, auf der anderen Seite können Sie mit diesem Preis dadurch auch jemanden belohnen, der Süßigkeiten nicht mag und keiner wird Ihnen diese „Ungerechtigkeit" übel nehmen.

Wenn ich Ihnen rate, den echten Wettkampf durch das Spielerische zu vermeiden, so geschieht dies aus der Überlegung heraus, dass Sie als Präsentierender daran interessiert sind, Ihr gesamtes Publikum für sich zu gewinnen. Sollten Sie, was in Einzelfällen auch vorkommen kann, die Konfrontation zwischen Gruppen und deren Mitgliedern provozieren wollen, so wechseln Sie das Spiel. Führen Sie dann ein Quiz durch, bei dem keine Regel verletzt wird, sondern es ausschließlich darum geht Punkte zu sammeln und bei dem Sie die Rolle des strafenden Richters einnehmen. Auch diese Variante ist möglich, allerdings verliert das Quiz dann viel von seinem spielerischen Charme.

Tipp Um bei einem längeren Quiz die Aufmerksamkeit des Publikums zu halten, ist es hilfreich, den Hauptpreis für alle gut sichtbar doch verhüllt aufzustellen. Durch gelegentliche Verweise auf diesen Preis und die durch die Größe des Hauptpreises ausgedrückte Wahrscheinlichkeit, dass es sich dabei nicht um weitere Süßigkeiten handeln wird, bleibt das Publikum aktiv und neugierig.

Touch, taste, take

Während sich bei den anderen bisher vorgestellten Varianten die Präsentation rund um den oder die sinnlichen Höhepunkte rankte, bietet sich Ihnen auch die Möglichkeit, einzelne sinnliche Elemente in bestimmten Phasen Ihrer Präsentation als fühl-, schmeck-, oder greifbare Metapher einzusetzen.

So habe ich einmal eine Beraterin erlebt, die jedem der Teilnehmer an seinen Platz einen kleinen, mit Erde gefüllten Blumentopf gestellt hat. Während ihrer Präsentation verteilte sie dann Blumensamen, die sie die Zuhörer einpflanzen lies. Am Schluss der Präsentation forderte sie dann die Zuhörer auf, den Topf mitzunehmen und mit der selben Sorgfalt zu pflegen, wie das Projekt, für das heute der Samen eingepflanzt worden sei.

Bei einer anderen Präsentation verteilte der Redner immer wieder Gegenstände, damit das Publikum den Härtegrad und die Oberfläche fühlen konnte. Seine Metapher ging in Richtung Wirkung der Strategie auf die Mitarbeiter.

Auch eine Blindverkostung vorgeblich verschiedener Wassersorten habe ich schon in einem Vortrag erlebt. Tatsächlich stellte sich heraus, dass in jedem Glas identisches Wasser war, die Teilnehmer dennoch Unterschiede zu schmecken meinten. In diesem Fall stand die Metapher dafür, die von den Teilnehmern vertretenen „eindeutigen" Verhandlungspositionen erneut auf „verborgene" Gemeinsamkeiten zu überprüfen.

Schließlich erlebe ich es regelmäßig, dass Werbeagenturen am Ende ihrer Präsentation ein Booklet der Präsentationsinhalte als Geschenk verpackt überreichen. Dabei steigert die Verpackung die Wertigkeit des Inhalts, es wird abschließend nochmals die Neugier angeregt: „Wie sieht das Booklet wohl aus?", und die Zuhörer werden durch die Verpackung wiederum zur Handlung (auspacken) animiert. Obwohl ein solches Booklet letztendlich nichts anderes ist als die ausgedruckte Handzettelansicht von PowerPoint-Folien, ist die Wertigkeit deutlich höher und es rangiert mehr unter Geschenk bzw. Give away als das gedruckte Blatt Papier.

Tipp

Der oligofaktorische Kommunikationskanal (riechen) ist bisher noch nicht angesprochen worden. Dies liegt daran, dass er meist als Hilfsmittel ergänzend zu den anderen Kanälen eingesetzt wird. Sie können beispielsweise einzelne Passagen Ihrer Rede mit einem bestimmten Duft unterlegen – ich kenne einige Seminarhotels, in denen entsprechende Einrichtungen zur gezielten und steuerbaren Abgabe von Düften vorhanden sind. Doch in der Praxis wird dies mit Ausnahme der Verbreitung eines allgemein anregenden und aufmerksamkeitsfördernden Duftes kaum gemacht. Wesentlich häufiger kommt die sprachliche Aktivierung der Geruchserinnerung zum Einsatz. Beispielsweise spricht der Redner von dem herrlichen Duft einer frischen Holzofenpizza oder den Gerüchen nach Glühwein beim Besuch eines Weihnachtsmarktes. Damit wird der Geruchssinn auch angeregt, ohne dass technisch schwer zu bewerkstellender Vorbereitungsaufwand betrieben werden muss. Dennoch sollten Sie einmal darüber nachdenken, warum sowohl die Filmindustrie als auch die Computerindustrie an Verfahren arbeitet, Gerüche auch über diese Medien zugänglich zu machen. Die Antwort ist einfach: über den Geruchsinn sind die Menschen stark erreichbar und in ihrer Stimmung beeinflussbar.

Rhetorische Beteiligung

Neben diesen „ungewöhnlicheren" Elementen der Zuhörerbeteiligung an Ihrer Präsentation können Sie selbstverständlich auch auf eine typisch rhetorische Technik zurückgreifen: die Frage an das Publikum. Ziel ist es in diesem Fall, dass das Publikum die Frage beantwortet. Im Sinne von echter Interaktion gibt es hier drei Möglichkeiten, wobei die im Folgenden genannte Reihenfolge gleichzeitig die Zunahme des Publikumseinflusses darstellt.

Geschlossene Frage: Der Redner stellt dem Publikum eine Frage, die nur mit „Ja" oder „Nein" zu beantworten ist. Damit werden die Zuhörer zu einem sehr kurzen Dialog eingeladen. Der Redner behält die Führung voll in der Hand und reagiert je nach Antwort, indem er das „Ja" in seine Rede integriert oder das „Nein". Auf beide Möglichkeiten kann er sich sehr gut vorbereiten, aus diesem Grund ist die Einflussnahme des Publikums auf den weiteren Verlauf der Rede gering.

Die thematisch begrenzte Frage: Der Redner stellt dem Publikum beispielsweise die folgende Frage: „Welche Betriebssysteme sind Ihnen bekannt?" In diesem Fall ist die Antwort nicht festgelegt, aber der Redner kann sich gezielt auf eine begrenzte Anzahl von möglichen Antworten vorbereiten, so dass er dann mit seiner Reaktion ebenfalls unmittelbar auf sein Publikum eingehen kann.

Die offene Frage: Für den Redner am problematischsten ist eine offene oder W-Frage. „Was halten Sie von der Entwicklung unseres Unternehmens in den letzten beiden Jahren?" Die Antworten auf so eine Frage lassen sich nicht mehr vorbereiten. Zwar kann der Redner Hypothesen über die wahrscheinlichen Antworten des Publikums aufstellen und sich entsprechend präparieren, doch erfordert eine solche Frage auf jeden Fall die Fähigkeit *live*, ohne Vorbereitung, den Bogen von der Antwort zu den eigenen Inhalten zu spannen. Ignoriert der Redner das Publikum, so reagiert dieses in der Regel verärgert.

Alle anderen Frageformen, die in der Regel mit der Rhetorik verbunden werden, wie die *rhetorische Frage* oder die *Suggestivfrage*, sind Stilmittel, aber keine Mittel zur Herstellung von Interaktion.

Beteiligung im Rahmen der Dramaturgie

Nutzen Sie die Möglichkeiten Ihr Publikum im Rahmen der von Ihnen festgelegten Dramaturgie zu beteiligen. Wenn Sie Phasen planen, in denen Interaktion, Handlung oder sinnliche Erfahrung möglich ist, vermeiden Sie Störungen an Stellen, an denen Sie nicht gestört werden möchten. Ein aktives Publikum folgt Ihnen, ein passiv gehaltenes Publikum versucht sich nach einer gewissen Zeit aus der Passivität zu befreien – das sind dann die Störungen, die jeder Redner fürchtet.

10 Inhaltliche Gestaltung

Nachdem Sie inzwischen die Vorbereitung Ihrer Präsentation weitgehend abgeschlossen haben, kommt nun die Umsetzung der Inhalte in PowerPoint auf Sie zu. Dabei treffen Sie gleich zu Beginn eine wichtige Entscheidung: Welche Art von Präsentation werden Sie halten?

Diese Frage zielt auf die beiden Möglichkeiten ab, die mittels PowerPoint zu realisieren sind. Variante 1 besteht darin, dass Sie Ihre Inhalte linear präsentieren. Linear bedeutet in diesem Zusammenhang, dass Sie den roten Faden vorgeben, bis zur letzten Folie festlegen wann welche Folie folgt, und die Zuhörer keine Möglichkeit erhalten auf den Folienablauf Einfluss zu nehmen. Variante 2 gibt sich da flexibler. Sie legen bei dieser Variante zwar einen roten Faden fest, bieten Ihrem Publikum jedoch immer wieder die Möglichkeit zu Inhalten und somit Folien zu verzweigen, die für dieses Publikum von besonderem Interesse sind. Variante 2 nenne ich non-lineare Präsentation.

Die lineare Präsentation

Die lineare Form der Präsentation wird in der Regel dann angewandt, wenn der Redner vor einem großen gemischten Publikum in limitierter Zeit vorträgt. Bei so einer Präsentation ist im Normalfall das Maß an gewünschter Publikumsbeteiligung/-interaktion gering. Der Redner führt sein Publikum konsequent durch die Präsentation und liefert mit PowerPoint visuelle Umsetzungen seiner sprachlichen Inhalte, die seinen Vortrag stützen. Aus diesem Grund ist es auch entscheidend für die Wirkung des Vortrags die Inhalte auf den Folien nicht zum dominierenden Element werden zu lassen, sondern immer zu berücksichtigen, dass der Referent der „Hero" bleibt.

In der einschlägigen Literatur wird bezogen auf diesen Punkt häufig von einer so genannten „Todsünde“ gesprochen – nämlich dass auf den Folien erstens häufig ausformulierter Inhalt und zweitens viel zu viel Inhalt zu lesen ist. Das Ergebnis sieht dann wie folgt aus: Die Zuhörer lesen schneller als der Redner sprechen kann und verlieren dadurch, dass sie die vorgetragenen Inhalte bereits erfasst haben, das Interesse an dem Vortrag.

Das Kernaussagen-Chart

Stellen Sie sich nun einmal vor, Sie wollen Ihren Vortrag zu einer fesselnden PowerStory machen und die Zuhörer sind Ihnen ständig voraus und wenden sich gelangweilt ab. Vorbei ist es mit der PowerStory. Aus diesem Grund empfehle ich Ihnen die Inhalte pro Folie auf eine Kernaussage zu beschränken. Verteilen Sie mehrere wichtige Aussagen lieber auf einzelne Charts, auf denen die jeweilige Aussage dann markant hervorgehoben erscheint, als dass Sie die Wirkung durch Anhäufung auf einer Folie herabsetzen.

Die Liste

Hin und wieder wird es notwendig sein, dass Sie eine Liste von einzelnen Punkten haben, die eine Aussage unterstützen. Selbstverständlich können Sie diese Liste visuell auf einer Folie unterbringen, doch bedenken Sie dass dies nur die Ausführungen einer Kernaussage sind, selbige muss den Zuhörern durch grafische Unterstützung im Bewusstsein gehalten werden. Außerdem sollte eine solche Liste fünf Punkte nicht überschreiten, da sie ansonsten überladen wirkt und sich nicht ins Gedächtnis einprägt.

Tipp

Um eine Kernaussage im Bewusstsein des Publikums präsent zu halten, haben sich folgende Varianten bewährt: Variante 1 – legen Sie die Kernaussagen in einer hellen Schriftfarbe hinter Ihre Aufzählung, in PowerPoint erstellen Sie mit *Einfügen → Textfeld* einen freien Text, den Sie dann mit der Befehlsfolge *Zeichnen → Reihenfolge → In den Hintergrund* hinter die Aufzählung schieben. Variante 2 – schaffen Sie ein Feld (Textfeld) für Überschriften, welches immer an der selben Stelle platziert ist, in dem die Aussage wieder auftaucht. Beides führt dazu, dass die Zuschauer die wichtige Aussage nicht aus den Augen und somit nicht aus dem Bewusstsein verlieren. ➲ **Chart 10**

Bilder

Besonders stark wirkt in Präsentationen der Einsatz von Bildern, die auf einer emotionalen Ebene Ihre Aussagen stützen. Bitte achten Sie darauf, dass neben Bildern kein Text zu sehen ist, da sonst die Wirkung nachlässt. Manchmal jedoch ist es hilfreich die emotionale Wirkung der Bilder auf den folgenden Text

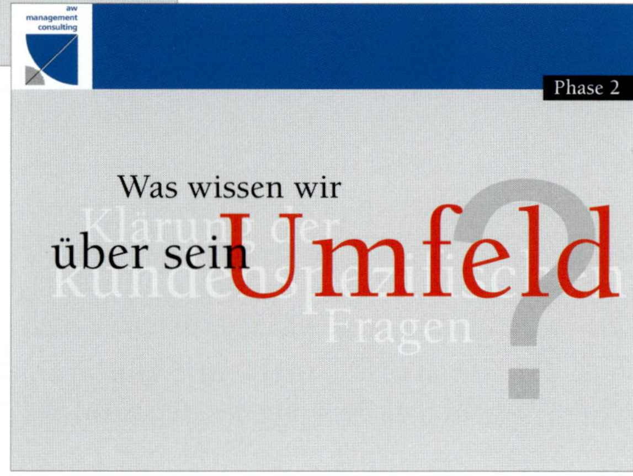

Chart 10
Kernaussagen hinter den Text gelegt (KundenProfiling®)

zu übertragen. In einem solchen Fall zeigen Sie zunächst mit einer Folie nur das Bild, anschließend legen Sie das Bild in den Hintergrund, schwächen die Helligkeit und die Farbkontraste ab und legen dann den Text darüber. Beachten Sie jedoch, auch in diesem Fall eine Textanhäufung zu vermeiden, indem Sie nur die Inhalte auswählen, die durch das Bild auch tatsächlich gestützt werden. ➲ **Chart 11**

Tipp

Eine einfache Bearbeitung von Bildern lässt sich auch in PowerPoint direkt vornehmen. Sobald Sie ein Bild anklicken, erscheint eine Symbolleiste, die Ihnen grundlegende Manipulationsfunktionen wie Helligkeit, Kontrast aber auch die Verwandlung eines Farbbildes in Grausstufen anbietet. Für die meisten Standardmanipulationen reicht diese Funktionalität aus, vorausgesetzt, Sie verfügen über geeignetes Bildmaterial. Sind umfangreichere Bildbearbeitungen notwendig, so müssen Sie allerdings auf ein externes Programm wie beispielsweise Adobe Photoshop zurückgreifen.

Gliederungen in linearen Präsentationen

Unabhängig von der Qualität Ihrer Präsentation und Ihrem Vortragsstil gibt es in jeder Präsentation Phasen, in denen einzelne Zuhörer den eigenen Gedanken nachhängen und dabei den Faden verlieren. Für diese Zuhörer ist es hilfreich, wenn Sie Ihnen eine visuelle Hilfe anbieten können, die es Ihnen erleichtert zur Struktur Ihrer Rede und somit zu den Inhalten zurückzufinden.

Die Rede ist von einer Gliederung. In der Regel wird eine solche bei PowerPoint-Präsentationen meist nur am Anfang, in Einzelfällen auch zwischen einzelnen Redeabschnitten eingeblendet, nicht jedoch permanent. Damit ist eine Gliederung für den kurzfristig abgelenkten Zuhörer meist dann nicht verfügbar, wenn er sie am dringendsten bräuchte. Doch leicht können Sie hier Abhilfe schaffen, indem Sie selbst in PowerPoint Hand anlegen.

Legen Sie zunächst Ihre Gliederung fest und erstellen Sie dann eine Folie, mit der Sie die Gliederung dem Publikum vorstellen. Sorgen Sie dann dafür, dass diese Gliederung auf jeder Folie erkennbar ist. Beispiel: Sie nummerieren die einzelnen Punkte der Gliederung durch und führen eine nummerierte Skala auf Ihren Folien mit. ➲ **Chart 12**

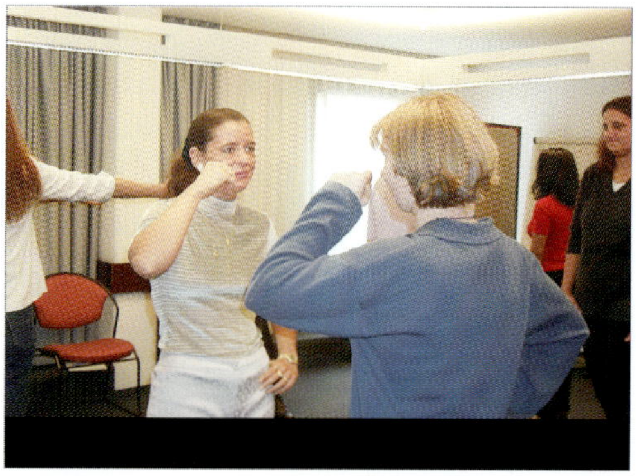

Chart 11
Textaussagen über Bilder gelegt

Chart 12
Eine mitgeführte Nummerierung zur Orientierung für die Zuhörer (Ausschnitte aus einer Präsentation)

Noch mehr Klarheit schaffen Sie, wenn Sie nicht nur die Zahlen mitführen, sondern wenn die Stichpunkte der Gliederung permanent sichtbar sind. Dazu wird die Gliederung in einer verkleinerten Form auf der Folie abgebildet und der gerade behandelte Punkt wird visuell durch Unterstreichung oder Variation der Schriftfarbe hervorgehoben. ➲ **Chart 13**

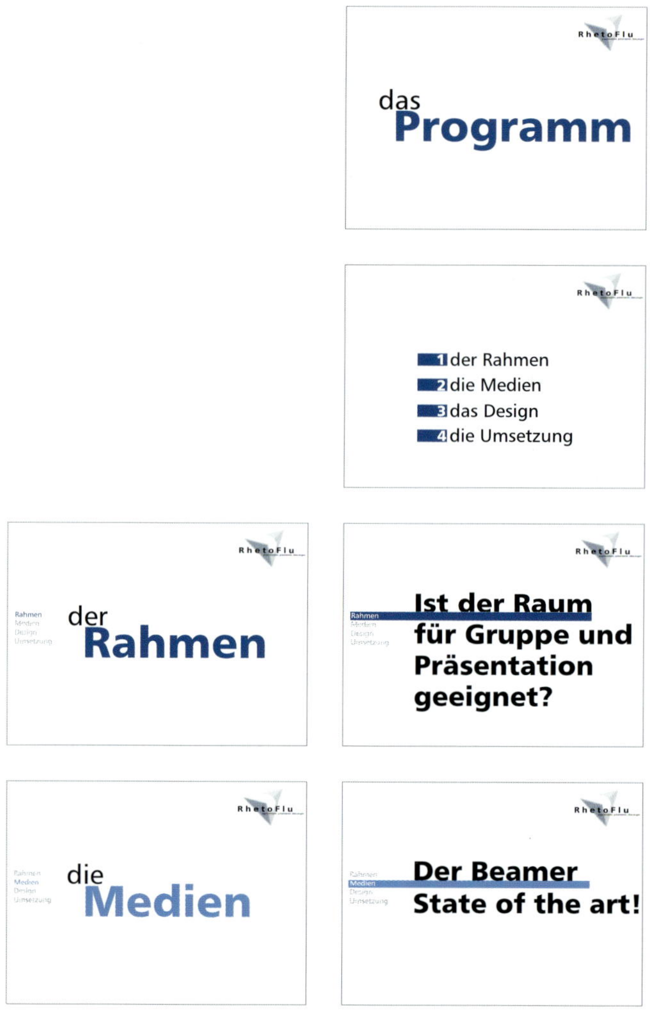

Chart 13
Eine mitgeführte Gliederung (Ausschnitte aus einer Präsentation)

Non-lineare Präsentationen

Für die Gestaltung der non-linearen Präsentationen sind die gleichen Kriterien anzuwenden wie bei den linearen. Doch kommt diese Präsentation in einer anderen Situation zum Einsatz, nämlich dann, wenn bei einer kleinen Zuhörergruppe die Individualität der Präsentation unterstrichen und die Gruppe aktiv in den Ablauf einbezogen werden soll.

Ein typisches Beispiel für eine non-lineare Präsentation stellt eine Unternehmenspräsentation bei einem Kunden dar. Der rote Faden der Präsentation führt durch die wichtigsten Fakten zum eigenen Unternehmen, ohne diese jedoch weiter zu vertiefen. Beispielsweise an der Stelle des Leistungsangebots richtet der Vortragende aber die Frage an das Publikum, an welchem Angebot denn besonderes Interesse herrscht. Das Publikum bekommt damit die Möglichkeit, den weiteren Verlauf der Präsentation zu beeinflussen. Der Präsentierende greift den Wunsch des Publikums auf, indem er einen hinterlegten *Hyperlink* anklickt und mittels dieser Verzweigung direkt zu dem Teil der Präsentation springt, in dem das vom Publikum gewünschte Thema vertiefend dargestellt wird.

Tipp

Hyperlinks können in PowerPoint sowohl Texten als auch jeder Grafik zugewiesen werden. Dazu markieren Sie den Bereich, den Sie verlinken wollen, wählen anschließend die Befehlsfolge *Einfügen → Hyperlink* und dann das Ziel der Verlinkung. Dabei können Sie sogar auf Internetseiten, andere Präsentationen und externe Programme verweisen, was zum Beispiel bei der Live-Demonstration einer neuen Software äußerst hilfreich sein kann. In der Präsentation verwenden Sie dann Ihre (Funk-)Maus, um die hinterlegte Stelle anzuklicken und zu springen. Allerdings sollten Sie auf jeden Fall auf der angesprungenen Folie oder der Schlussfolie des angesprungenen Abschnitts einen Hyperlink „zurück“ einfügen, damit Sie problemlos wieder an den Ausgangspunkt springen und Ihre Präsentation fortsetzen können.

Folien, die Sprungmöglichkeiten anbieten, sind häufig in Form einer Liste gestaltet. Dadurch sieht der Zuhörer, dass er verschiedene Wahlmöglichkeiten hat, kann selber bestimmen in welchem Umfang er informiert werden möchte und wird doch gleichzeitig auch neugierig gemacht auf die anderen Punkte, die er bewusst ausgegrenzt hat.

Tipp Wenn ein Zuhörer nach der ersten Vertiefung weitere Vertiefungen sehen will, so verweigern manche Referenten dies mit dem Hinweis auf den ansonsten gesprengten Zeitrahmen. Plötzlich wird dadurch die Vertiefung zu einem „verbotenen Ort", was die Neugier des Zuhörers noch mehr anstachelt und ihm Konzessionen abringt: Ein zweiter Termin oder eine Verlängerung der zur Verfügung stehenden Zeit sind Beispiele für Zugeständnisse an den Vortragenden, die dieser gleichzeitig als Signale des gesteigerten Interesses interpretieren kann.

Non-lineare Präsentationen eignen sich auch gut als Unterstützung eines Verkaufsgesprächs mittels Notebook. Der Verkäufer kann im Dialog mit dem Kunden arbeiten und je nach dessen Wünschen einen vordefinierten Gesprächsleitfaden weiter vertiefen. Das Notebook wird so zu einem echten Dialog-Hilfs-Instrument, welches beide Seiten dabei unterstützt, konzentriert am Thema zu arbeiten. Wichtig ist dabei jedoch, dass die Non-Linearität nicht nur technische Spielerei bleibt, sondern dem Gesprächspartner einen echten Mehrwert bietet. Nur wenn der Kunde erkennt, dass durch die Nutzung der technischen Möglichkeiten ein weitaus kundenorientierteres Verkaufsgespräch stattfindet als es ohne die Technik möglich wäre, wirkt sich der non-lineare Einsatz einer Präsentation positiv auf das Gesprächsergebnis aus.

Grundregel der Gestaltung

Die Grundregel für die Gestaltung von PowerPoint-Folien lautet:

Gestalten Sie plakativ!

In dieser Regel ist zusammengefasst, was ich zuvor über die Textmenge auf Folien und Bilder ausgeführt habe. Zuhörer nehmen eine markante Aussage in großen Lettern, die wie eine Plakatwand im Präsentationsraum an die Wand geworfen erscheint, leicht und schnell auf. Sie orientieren sich dann wieder zurück auf den Redner und folgen seinen Worten.

Je plakativer Sie gestalten, desto präsenter sind Sie selber und desto mehr beeindrucken Sie Ihr Publikum. Denken Sie nur einmal an die typischen PowerPoint-Folien mit 18-24 Punkt Schriften und mindestens 15 Textzeilen auf einer Seite, einer Vielzahl von Trickeffekten und dem Redner, der in der Ecke steht, begeistert seine animierte Folie ansieht und dabei vergisst den Kontakt zu seinem Publikum zu halten.

11 Die technische Gestaltung der Präsentation

Bereits im vorherigen Kapitel bin ich auf einige Gestaltungsmerkmale von PowerPoint-Folien eingegangen. Dabei habe ich insbesondere auf die Wirkung von Bildern und plakativen Schlagworten abgehoben. Im Folgenden werde ich Ihnen nun einige grundlegende Gestaltungshilfen für PowerPoint-Folien erläutern und dabei auch gleich die praktische Umsetzung in PowerPoint darstellen.

Verfügt Ihr Unternehmen bereits über eine Corporate Identity (CI) und darauf basierende PowerPoint-Vorlagen, so erhalten Sie nachfolgend lediglich eine Information darüber, welche Rahmenbedingungen vermutlich bei der Gestaltung der Vorlagen Pate gestanden haben. Sollten jedoch keine solchen Vorlagen existieren und bei Ihnen noch die in PowerPoint integrierten Vorlagen verwendet werden, dann hilft Ihnen der folgende Teil dabei, sich eine Vorlage für professionelle PowerStories zu erstellen. Außerdem finden Sie hier in jedem Fall eine Hilfestellung in Bezug darauf, wie Sie im Rahmen Ihrer CI Präsentationen wirkungsvoll gestalten können.

Marke und Claim

Damit Ihre PowerPoint-Folien Ihrem Unternehmen zugeordnet werden können und es keinen Zweifel über die Zugehörigkeit des Vortragenden zum Unternehmen gibt, ist auf jeder Folie die Marke und der aktuell zugehörige Claim (Slogan) anzubringen.

In der Regel wird die Marke auf einer Folie rechts oder links oben abgebildet, da Sie der Betrachter dort gut wahrnimmt. Der Claim kann – sofern er nicht direkt der Marke selber zugeordnet ist – an einer beliebigen anderen Stelle auf der Folie erscheinen. Allerdings ist es sinnvoll, ihn gestalterisch der Marke zuzuordnen.

Anhand der verschiedenen Beispiele sehen Sie, wie mit der Marke und Claim umgegangen werden kann:

- aw management consulting platziert die Wort-Bild-Marke des Unternehmens oben links und ergänzt auf der rechten Seite die Produktmarke *KundenProfiling*. ➲ **Chart 14**
- vitaminT platziert die Wort-Bild-Marke oben rechts, wobei der zugehörige Claim *Die Bühne für Veränderung* unmittelbar der Marke zugeordnet ist. ➲ **Chart 15**
- Die Martin Bauer Holding platziert die Wortmarke rechts, der Claim steht links, wird aber durch die Verwendung einer der Unternehmensfarben in einem Hintergrund-Kasten der Marke unmittelbar zugeordnet. ➲ **Chart 16**

Tipp

Um eine einheitliche Verwendung der CI-Merkmale durch die ganze Präsentation zu gewährleisten, sollten Sie Marke, Claim, Farben, Standardschriften, Standardschriftgrößen, Bullets und die Fließtextausrichtung auf dem Folienmaster Ihrer Vorlage hinterlegen. Damit sind die genannten Inhalte vordefiniert und können nicht versehentlich falsch platziert werden. Außerdem lassen sich so Folien aus anderen Foliensätzen, die den selben Master verwenden, problemlos in die Präsentation kopieren. Einen Folienmaster legen Sie in PowerPoint an, indem Sie die Befehle *Ansicht* → *Master* → *Folienmaster* nacheinander anklicken und anschließend die gewünschten Einstellungen vornehmen.

Schriften

Schriften und Schriftelemente geben Einblick in die Philosophie und Gedankenwelt von Unternehmen und Individuen: klar strukturiert, modern oder traditionsbewusst, intensiv oder moderat. Aus diesem Grund wird den Mitarbeitern eines Unternehmens in der Regel auch vorgeschrieben, welche Schrift in der schriftlichen Kommunikation nach außen und nach innen zu verwenden ist. Jedes Schriftstück transportiert die Philosophie zu den Geschäftspartnern.

Chart 14
aw management consulting

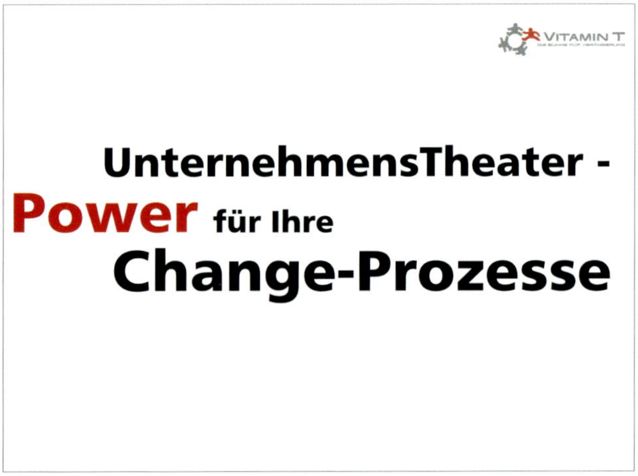

Chart 15
vitaminT – Theater und
Training für Veränderung

Chart 16
Martin Bauer Holding

Daher kommt dem Umgang mit Schriften bei der Gestaltung von Folien eine besondere Bedeutung zu. Einerseits geht es darum mit der Auswahl der Schriftart dem Medium PowerPoint gerecht zu werden, anderseits vor allem darum auch in diesem Fall über das Schriftbild die Werte des Unternehmens zu transportieren.

Schriftart

Schriften werden allgemein nach Schriften mit Serifen, zum Beispiel Times New Roman und nach serifenlosen Schriften, im PC-Umfeld meist Arial, unterschieden.

Schriften mit Serifen finden in der Regel bei gedruckten Unterlagen ihre Verwendung, eignen sich jedoch nicht so gut für PowerPoint-Folien, da in Abhängigkeit von der Auflösungsqualität des projizierenden Beamers die Serifen oft unscharf erscheinen. Außerdem verkürzen die Serifen die Zeichenabstände, was zwar beim Lesen eines Buches eine Hilfe ist, aber stört wenn es darum geht Informationen auf einen Schlag zu erfassen.

Aus den Gründen, die gegen die Serifen-Schriften sprechen, haben sich für die Gestaltung von PowerPoint-Folien die plakativen serifenlosen Schriften weitgehend durchgesetzt. In Ausnahmefällen werden Sie jedoch auch einmal Serifen-Schriften in Präsentationen entdecken – Ausnahmen, die auch hier die Regel bestätigen – doch können Sie sehr schnell erkennen, ob diese Folien von einem im Umgang mit Schriftschnitten erfahrenen Foliendesigner „komponiert“ wurden, oder ob einfach nur eine beliebige Serifen-Schrift zum Einsatz kam. Um Ihre Präsentationen zu professionalisieren empfehle ich Ihnen durchgängig die Verwendung von serifenlosen Schriften.

Tipp

Wenn Sie Ihre Präsentationen häufig an Dritte weitergeben, empfiehlt es sich als Standardschrift eine der von Microsoft mitgelieferten True-Type-Schriften zu verwenden. Diese sind mit allergrößter Wahrscheinlichkeit auf dem Rechner desjenigen vorhanden, dem Sie die Präsentation weitergeben. Er sieht die Präsentation dann exakt so, wie Sie sie erstellt haben. Verwenden Sie jedoch eine andere Schrift anstelle der Microsoft-Standardschriften, dann müssen Sie diese in jedem Fall beim Speichern in die Präsentation packen. *Datei → Speichern unter*

Extras → Optionen speichern. Beachten Sie jedoch, dass dieser Vorgang bei einigen Schriften aus lizenzrechtlichen Gründen nicht zulässig ist.

Wenn Sie sich für eine bestimmte Schriftart entschieden haben, dann sollten Sie diese auch konsequent durch die Präsentation hindurch nutzen. Lediglich als Kontrapunkt, um besondere Aufmerksamkeit in einem Bereich zu erzielen, ist es sinnvoll eine zweite Schriftart einzusetzen. In der Regel reichen jedoch die unterschiedlichen Schriftschnitte einer Schriftart zur Akzentuierung völlig aus.

Schriftschnitte, Laufweiten und Durchschuss

Haben Sie sich schon einmal gefragt, warum es die Schriftart Arial Black gibt, wo Sie doch die gleiche Wirkung auch erzeugen können, indem Sie die „normale" Arial auswählen und anschließend die Funktion Fettdruck in Ihrem Programm aktivieren?

Die Unterschiede liegen im Detail. Während mit der Fettdruckfunktion Ihr Programm die Umrechnung der Schrift in eine Fett-Schrift vornimmt und dabei rein mathematisch vorgeht, hat dies bei dem Schriftschnitt Arial Black ein Font-Designer gemacht, der die veränderte Wirkung einer fett gedruckten Schrift gegenüber einer Standardschrift berücksichtigt hat. Das Ergebnis ist in diesem Fall deutlich besser lesbar als wenn Sie dem Computer die Arbeit überlassen.

Um demnach optimale Ergebnisse zu erhalten, ist es notwendig, je nach gewünschtem Effekt (fett, kursiv) den geeigneten Schriftschnitt auszuwählen (bold, italic). Sobald Sie sich mit diesem Punkt näher beschäftigen werden Sie feststellen, dass ganze Schriftenfamilien angeboten werden, deren Schriftschnitte von light über medium zu bold, oder aber auch italic reichen. Wenn Sie die Möglichkeit haben, diese Schriftschnitte zu nutzen, dann sollten Sie davon Gebrauch machen, nur wenn Ihnen keine geeigneten Schnitte zur Verfügung stehen, sollten Sie zu den Windows-Bordmitteln greifen.

Ein weiterer, mit den Schnitten zusammenhängender Punkt ist die Laufweite der Schrift. Damit ist der Abstand der einzelnen Zeichen innerhalb eines Wortes zueinander gemeint. Diese Laufweite wird bei einigen Schriften von vornherein verkürzt. Meist verwenden diese Schriftschnitte den Namenszusatz condensed oder narrow. Verwendet werden solche Schriften in erster Linie, wenn es darum geht mehr Text auf einer Seite unterzubringen. Dies verträgt sich jedoch nicht mit einem plakativen Ansatz zur Gestaltung von PowerPoint-Folien, bei dem es darum geht, Text möglichst schnell auf einen Blick zu erfassen. Aus diesem Grund sollten Sie weder die Laufweite manuell verändern, noch einen Schriftschnitt mit minimierter Laufweite auswählen.

Tipp

Neben der Laufweite eines Textes lässt sich auch noch dessen Durchschuss (Zeilenabstand) verändern. In der Regel sind Sie hier mit dem Standardabstand von 1 oder 0,9 Zeilen gut bedient. Allerdings lassen sich manchmal typografisch besonders wirkungsvolle Effekte erzielen, indem der Abstand deutlich verringert wird. Im Extremfall kommt es zu einem negativen Durchschuss, wodurch sich die Schriften überlagern. Wenn Sie sich bei dieser Form der Gestaltung jedoch über die Wirkung nicht ganz sicher sind, so sollten Sie einen Grafiker oder Mediendesigner befragen. ➲ **Chart 17**

Chart 17
together for mobility

Schriftgrößen

Immer wieder wird in PowerPoint-Präsentationen der Fehler gemacht, zu viel auf eine Folie bringen zu wollen. Damit dies gelingt wird die Schrift verkleinert. Das Ergebnis sind schlecht lesbare und für die Zuschauer anstrengende Folien. Dabei gibt es ganz klare Vorgaben, in welcher Größe optimale Lesbarkeit gewährleistet ist:

- Plakativ gestalteter Text und Schlagworte sollten zwischen 60 und 120 pt groß sein.
- Texte auf Titelfolien sollten zwischen 60 und 96 pt liegen.
- Headlines auf Inhaltsfolien liegen im Bereich zwischen 28 und 44 pt, wobei häufig anstelle einer größeren Schrift der Schriftschnitt bold eingesetzt wird.
- Subtitles auf Inhaltsfolien sind in der Regel ca. 15% kleiner als die zugehörige Headline.
- Fließtext oder Aufzählungstext bewegt sich im Bereich zwischen 20 und 28 pt.

Wenn Sie sich an diesen Vorgaben orientieren sind Sie auf jeden Fall im gut lesbaren Bereich. Schriften kleiner als 20 pt sind für Präsentationen schlichtweg ungeeignet und lediglich für Fußzeilen zu verwenden, die mehr für den Redner bzw. Ersteller als für das Publikum gedacht sind. Richten Sie Ihre Diagrammbeschriftungen ebenfalls an diesen Größenvorgaben aus. PowerPoint schlägt in der Regel kleinere Größen vor, so dass hier „Handarbeit" erforderlich ist.

Tipp Gestalterisch ist es wichtig, dass die Präsentation in sich einen ruhigen Gesamteindruck macht. Aus diesem Grund sollten Sie eine konsequente Linie in Bezug auf die verwendeten Schriftgrößen für Headlines, Subtitles und Fließ- bzw. Aufzählungstext verfolgen. Wenn Sie sich auf einer Folie für eine Größe entschieden haben, dann bleiben Sie dabei. Am besten definieren Sie die Größen wie bereits zuvor beschrieben im Folienmaster.

Ausrichtung

Wenn Sie in Ihrer Präsentation plakativ mit Schlagworten in Größe 120 pt arbeiten, dann erübrigt sich das Thema Textausrichtung. Sobald Sie aber zu Fließtext übergehen, stellt sich die Frage nach Blocksatz oder Flattersatz. Blocksatz ist dann angenehm zu lesen, wenn Sie einen längeren Text vor sich haben und „Erholungspunkte" benötigen. Absätze und Abschnitte, die auf einen Blick erkennbar sind, bieten dem Auge diese „Erholungspunkte" und sind Anhaltspunkte für die schnelle visuelle Strukturierung eines Textes.

PowerPoint-Folien sind jedoch auf die schnelle Erfassung geringer Textmengen ausgelegt. Dies wiederum wird durch den Flattersatz am besten unterstützt.

Bullets

Bullets, auch Leseleitzeichen oder Aufzählungszeichen genannt, dienen dazu, dem Zuhörer bei der Erfassung einzelner Elemente einer Aufzählung zu helfen. Diese Hilfe erfolgt aber nur dann, wenn der Betrachter die Aufzählung als solche schnell visuell erfassen kann.

Daher rate ich Ihnen dazu, Aufzählungszeichen erstens in einer einheitlichen Größe und Farbe, zweitens mit schlichter Formgebung und drittens ausschließlich auf einer Aufzählungsebene zu verwenden.

Insbesondere der letztgenannte Punkt ist wichtig. Denn Untersuchungen haben gezeigt, dass Buch-Leser bei Aufzählungen mit einer Gliederungstiefe von drei Ebenen bereits überlastet sind und dies, obwohl sie den Absatz nochmals nachlesen können. Stellen Sie sich nun einmal eine Folie mit einer Aufzählung vor, die die Zuschauer nur einmal verhältnismäßig kurz zu Gesicht bekommen und die über mehrere Ebenen verschachtelt ist. Die visuelle Erinnerung an diese Folie wird vermutlich so lauten: „Da war ziemlich viel drauf." Beschränkt sich hingegen die Darstellung auf der Folie auf eine Ebene, so rekonstruiert Ihr Publikum im Nachhinein die Anzahl der Punkte dieser Ebene, zum Beispiel vier, und beginnt sich dann nach und nach an die einzelnen Inhalte zu erinnern. Visuell wird somit die Merkfähigkeit der Zuhörer unterstützt.

Farben

Den Farben kommt bei der Gestaltung von PowerPoint-Folien besondere Bedeutung zu, schließlich lassen sich damit deutliche Akzente setzen, die den Betrachter bei der Aufnahme der angebotenen Information führen und bei der Verarbeitung unterstützen.

Farbkategorien

Dabei lassen sich folgende Farbkategorien unterscheiden:

- *Kennfarben* sind die Farben des Unternehmens und werden immer dann eingesetzt, wenn es darum geht die Inhalte unmittelbar mit dem Unternehmen zu verknüpfen. Mit diesen Farben sollten Sie äußerst gezielt umgehen.
- *Nutzfarben* sind die Farben, mit denen Sie Texte und Grafiken gestalten. Diese Farben müssen in Bezug auf Kontraste aufeinander abgestimmt sein.
- *Fondfarben* sind Hintergrundfarben. Während in den Vorlagen von Microsoft beinahe jede Farbe als Hintergrundfarbe auftaucht, empfehle ich Ihnen die Abstufungen von Schwarz (über Grau bis Weiß). In der Praxis werden Sie vor allem mit den hellen Hintergründen so gut wie nie Probleme wegen ungünstiger Raumbeleuchtung bekommen. Außerdem eignen sich diese Farben zur Verwendung mit allen Nutzfarben.
- *Standardschriftfarbe* ist die Farbe, in der Sie normalerweise Text auf Ihren Folien schreiben. Meist ist dies die Farbe Schwarz.

Damit haben Sie schon eine gute Orientierung, welche Farben Sie verwenden können. Die Kennfarben sind durch die Unternehmensfarben in der Regel vorgegeben, für die Fondfarben habe ich Ihnen eine Empfehlung ausgesprochen, die Schriftfarbe ist meist schwarz. Bleibt die Auswahl der Nutzfarben, die Ihnen nach einer kurzen Beschäftigung mit Kontrasten leichter fallen wird.

Farbkontraste

In der Farbenlehre werden unterschiedliche Kontraste unterschieden, von denen die folgenden von Bedeutung für die Gestaltung von PowerPoint-Folien sind:

- *Buntkontrast:* Dieser Kontrast wird dann ausgenutzt, wenn Sie eine optisch sehr auffällige, lebendige Wirkung erzeugen wollen. Sie benötigen dafür zwei Farben, die sich im Charakter deutlich unterscheiden und sehr intensiv sind. Beispiel: Rot auf Gelb
- *Unbuntkontrast:* Ein typisches Beispiel für den Unbuntkontrast ist rote Schrift auf schwarzem Hintergrund.

- *Komplementärkontrast:* Dabei handelt es sich um zwei Farben, die sich im Farbenkreis Johann Wolfgang von Goethes gegenüber stehen (gegenüber von Gelb steht beispielsweise Magenta, ein Rotton). Solche Farben steigern sich gegenseitig in ihren Farbcharakteren und bilden eine Harmonie. Dabei ist die Harmonie umso intensiver je gesättigter die Farben sind. Bei aufgehellten und abgedunkelten Farben entsteht eine abgeschwächte Harmonie.
- *Helligkeitskontrast:* Gesättigte Farben können aufgrund ihrer Helligkeits- bzw. Dunkelstufen variieren. So wird beispielsweise aus einem gesättigten Gelb stufenweise ein Orange. Durch diese Abstufungen bilden sich Kontraste, die etwa für die Erstellung von Organigrammen oder Umsatzcharts sehr gut zu nutzen sind. Verstärkt wird dieser Kontrast dann, wenn Farben unterschiedlicher Dunkelstufen aufeinander treffen. Diese Verstärkung wird als so genannter Simultankontrast bezeichnet.

Es lassen sich noch zahlreiche Kontraste im Detail unterscheiden, doch sollte Ihnen die oben genannte Auswahl für den Alltag genügen. Bilden Sie nun Ihre Nutzfarben, indem Sie die angesprochenen Kontraste beachten. Wählen Sie vier Grund-Nutzfarben aus, die mit Ihren Kennfarben harmonieren, Ihnen aber dennoch Gestaltungsfreiraum lassen, um Akzente zu setzen. Stufen Sie dann diese vier Farben in Ihrer Helligkeit ab, so dass Sie insgesamt über 16 Nutzfarben verfügen. ➲ **Chart 18**

Tipp

Legen Sie auch die Farben in Ihrem Foliemaster fest. Sie vermeiden damit versehentlich falsch ausgewählte Farben in Ihrer Präsentation (*Format → Foliendesign → Farbschemas → Farbschema bearbeiten*).

Die Verwendung von Farben

Die von Ihnen zusammengestellten Farben müssen nun lediglich so eingesetzt werden, dass sie Ihren Vortrag optimal unterstützen. Das bedeutet, dass Sie die Farben nicht willkürlich verteilen sondern ganz klar inhaltlich zuordnen.

Unternehmensaussagen

Nehmen die Inhalte auf der Folie unmittelbaren Bezug auf Aussagen über das von Ihnen vertretene Unternehmen, so kommen die Kennfarben zum Einsatz. Ein typisches Beispiel dafür ist der Umsatzvergleich mehrerer Unternehmen einer Branche

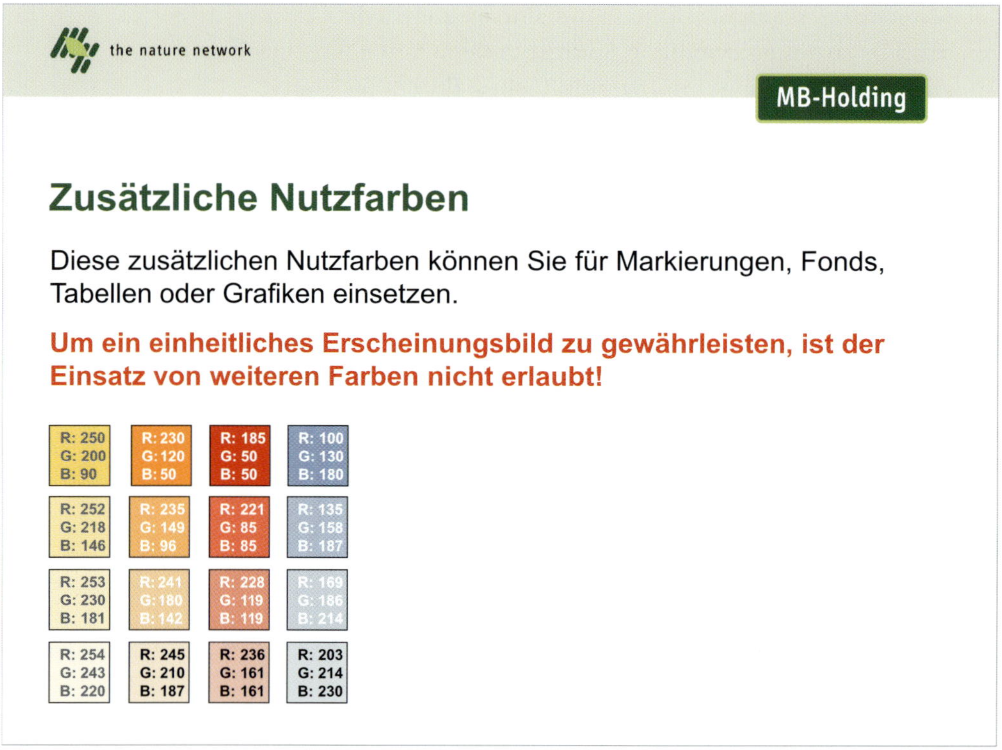

Chart 18 Nutzfarben aus dem Martin Bauer Style Guide

in einem Diagramm. Die Kennfarbe des Unternehmens hebt hier die zugehörige Kurve deutlich hervor und wird daher vom Publikum auch schneller wahrgenommen.

Unterstreichen von Inhalt

Wollen Sie inhaltlich ein deutliches Signal setzen, so empfiehlt sich die Verwendung eines Unbuntkontrasts mit einer intensiven Signalfarbe. Ein Beispiel dafür haben Sie in diesem Buch bereits kennen gelernt – die Charts über die GDSOF.

Bildfolien

Folien, auf denen Sie Bilder platzieren, sollten farblich sehr reduziert sein, es sei denn, Sie sind sich über die Wirkung der Kontraste und Harmonien zwischen den Bild- und den Folienfarben absolut sicher. Ein Ausnahme sind hier Bilder in Graustufen, die von den Farben her den Fondfarben zuzuordnen sind und daher problemlos mit jeder anderen Farbe wirken, sofern die Helligkeit gut gewählt ist.

Farben als Informationsträger

Haben Sie eine Ihrer Nutzfarben mit einem bestimmten Bedeutungsgehalt aufgeladen – beispielsweise die Farbe Grün steht für Corporate Identity, die Farbe Blau für Corporate Behavior – sollten Sie die Farbe immer dann einsetzen, wenn ein von Ihnen angesprochener Punkt dem jeweiligen Thema zugeordnet ist. In einem anderen Zusammenhang sollten Sie diese Farbe während Ihrer Präsentation nicht mehr verwenden. ➲ **Chart 19**

Kultureller Hintergrund

Nicht zuletzt sollten Sie bei der Farbgebung den kulturellen Hintergrund der Region berücksichtigen, in der Sie sich befinden. So ist in unserer Kultur beispielsweise die Farbe Rot mit Liebe, aber auch mit Gefahr assoziiert, die Farbe Grün mit

Chart 19
Corporate Identity – Corporate Behavior

Hoffnung. In anderen Kulturen ist die Bedeutung der Farben anders, so dass Ihre Präsentation womöglich auf der emotionalen Ebene nicht den selben Effekt erzielt wie in unserem Kulturkreis.

Layoutraster und Bilder

Damit eine Präsentation ruhig wirkt, ist es sinnvoll ein Layoutraster zu definieren. Mit diesem Raster wird festgelegt, in welchem Bereich einer Folie sich Text, Grafiken und Bilder befinden dürfen. Eine Möglichkeit wichtige Rasterlinien zu platzieren habe ich Ihnen nachfolgend zusammengestellt:

- *Linker, rechter und unterer Rand*
  Der obere Rand ergibt sich automatisch, wenn Sie in diesem Bereich Ihre Marke und Ihren Claim platzieren. Ist dies nicht der Fall, legen Sie den oberen Rand ebenfalls fest.
- *Headline- und Subtitle-Bereich*
  Im Normalfall ist dies der Bereich zwischen dem oberen Rand beziehungsweise Ihrem Bereich für Claim und Marke bis zu einer definierten Abstandslinie zum Fließtext, innerhalb der linken und rechten Seitenränder.
- *Fließtext-Bereich*
  Dieser Bereich befindet sich zwischen den linken und rechten Seitenrändern, nach unten ausgedehnt bis zum unteren Rand. Der Bereich wird nach oben durch eine definierte Abstandslinie zum Headline-/Subtitle-Bereich definiert.
- Außerdem empfiehlt es sich, dass Sie eine *vertikale Mittelachse* durch den Fließtextbereich definieren. Durch diese Achse teilen Sie den Fließtextbereich in zwei Hälften, so dass Sie später Bilder beispielsweise rechts oder linksflächig in einer der Hälften platzieren können.
- Ebenso sollten Sie eine *horizontale Mittelachse* definieren, die sich zwischen Unterkante oberer Rand, bzw. Marke/Claim-Bereich, und dem unteren Folienrand befindet. Diese Linie dient Ihnen ebenfalls dazu Bilder und Grafiken zu platzieren.

Tipp Ein Layoutraster legen Sie in PowerPoint am Besten mit Zeichnungslinien an. Eine horizontale und eine vertikale Zeichnungslinie bekommen Sie angezeigt, indem Sie nacheinander *Ansicht*

→ *Raster und Führungslinien* anklicken und anschließend den Haken bei Zeichnungslinien setzen. Die Linien kopieren Sie, indem Sie eine Zeichnungslinie anklicken, die Maustaste gedrückt halten und beim Verschieben der Maus die STRG-Taste betätigen. Dieses Raster wird zusammen mit Ihrer Präsentation gesichert, steht also, wenn Sie es zusammen mit einer Präsentationsvorlage speichern, immer zur Verfügung.

Einmal angelegt, erleichtert es Ihnen Bilder und Grafiken auszurichten. Wobei Ihnen folgende rasterkonforme Möglichkeiten für den Bildaufbau zur Verfügung stehen:

- *Vertikale Mittelachse rechtsflächig/linksflächig*
  Das Bild wird rechts/links der vertikalen Mittelachse innerhalb des Fließtextbereichs platziert. ➲ **Chart 20**
- *Vertikale Mittelachse rechts/links vollflächig*
  Das Bild wird rechts/links der vertikalen Mittelachse vom unteren Folienrand bis zur Unterkante des oberen Rands bzw. des Marken-/Claimbereichs platziert. ➲ **Chart 21**
- *Horizontale Mittelachse obere/untere Hälfte*
  Das Bild wird oberhalb/unterhalb der horizontalen Mittelachse innerhalb des Fließtextbereichs platziert. ➲ **Chart 22**
- *Horizontale Mittelachse obere Hälfte vollflächig*
  Das Bild wird oberhalb der horizontalen Mittelachse und unterhalb des oberen Randes bzw. des Marken-/Claimbereichs über die komplette Folienbreite platziert. ➲ **Chart 23**
- *Horizontale Mittelachse untere Hälfte vollflächig*
  Das Bild wird unterhalb der horizontalen Mittelachse bis zum unteren Folienrand über die komplette Folienbreite platziert. ➲ **Chart 24**
- *Vollflächig*
  Das Bild füllt die gesamte Folie außer dem Marken-/Claimbereich aus. ➲ **Chart 25**
- *Vollflächig Fließtextbereich*
  Das Bild füllt die gesamte Folie innerhalb der Grenzen des Fließtextbereichs. ➲ **Chart 26**
- *Vollbild*
  Das Bild füllt die gesamte Folie aus. ➲ **Chart 27**

Tipp

Da Vollbilder das Layout dadurch brechen, dass die Marke und der Claim nicht mehr sichtbar sind, kann es sinnvoll sein, vor eine solche Folie eine „Schwarzfolie“ zu schalten. Dabei handelt es sich um eine leere Folie mit schwarzem Hintergrund.

Chart 20
Vertikale Mittelachse,
Bild rechtsflächig

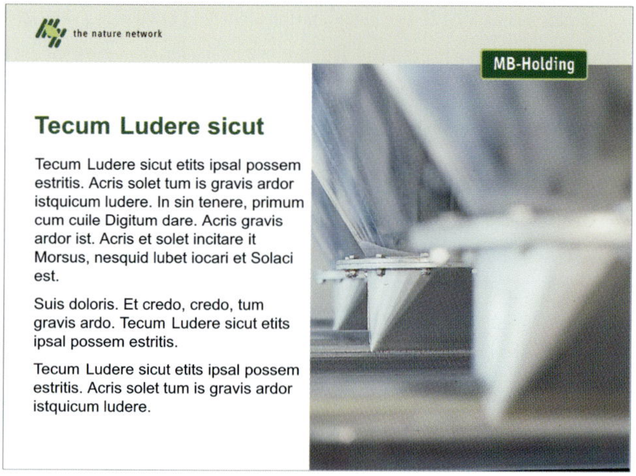

Chart 21
Vertikale Mittelachse,
Bild rechts vollflächig

Chart 22
Horizontale Mittelachse,
Bild obere Hälfte

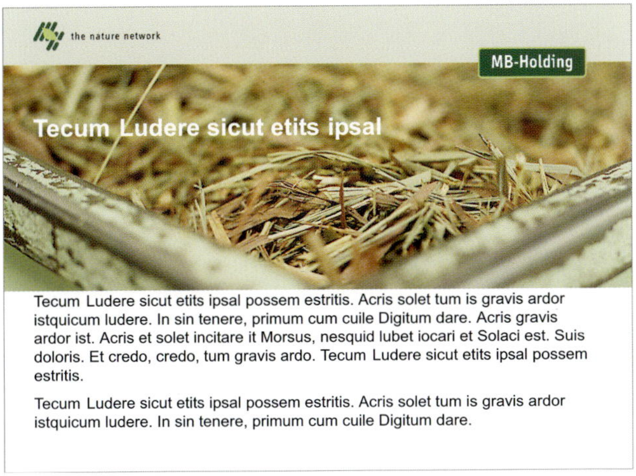

Chart 23
Horizontale Mittelachse,
Bild obere Hälfte vollflächig

Chart 24
Horizontale Mittelachse,
Bild untere Hälfte vollflächig

Chart 25 Bild vollflächig

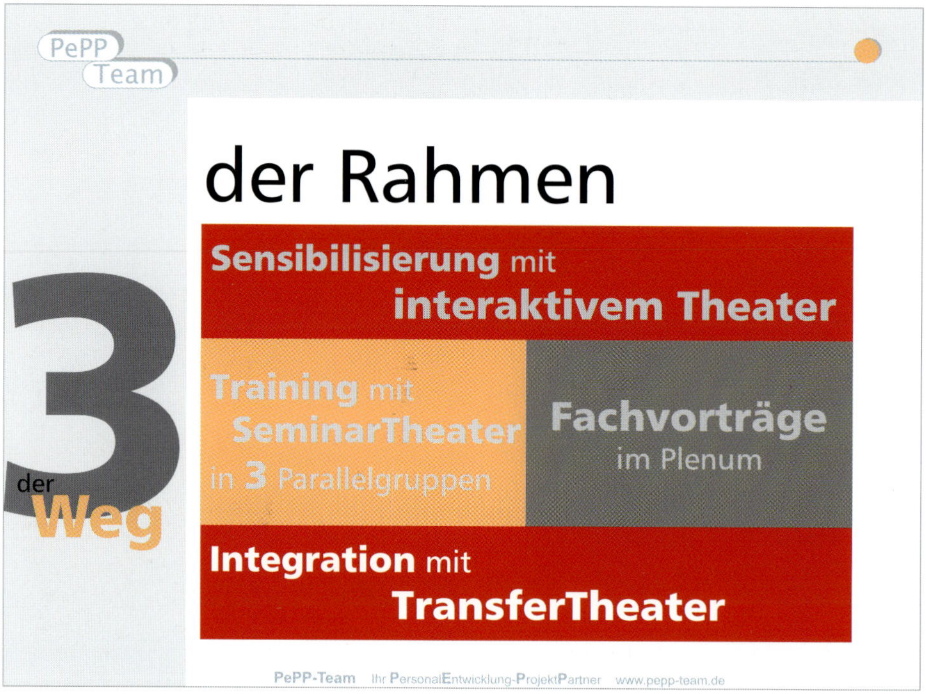

Chart 26 Vollflächig Fließtextbereich – Beispiel mit einer Tabelle

Damit werden die Zuhörer auf die Veränderung im Layout vorbereitet. Auch sind diese Folien gut geeignet, um einzelne Gedankenschritte innerhalb einer Präsentation voneinander zu trennen und Raum für Zwischenfragen zu schaffen. Schwarzfolien legen Sie einmalig in Ihrer Vorlage an, indem Sie im Folienmaster-Bereich mit der rechten Maustaste klicken und anschließend folgende Befehlsfolge wählen: *Neuer Folienmaster → Format → Folienhintergrund → Hintergrundfarbe → Schwarz.* Ab jetzt können Sie die Schwarzfolien als Foliendesign auswählen, wann immer Sie sie benötigen (Office XP).

Wenn Sie anstelle von Bildern Diagramme, Grafiken, Tabellen oder Videosequenzen in Ihre Präsentation aufnehmen, dann platzieren Sie diese innerhalb des Rasters genau so, als würde es sich um Bilder handeln.

Tipp Damit Ihre Präsentationen nicht zu groß werden, reicht es für die Präsentation mit einem Beamer aus, Bilder mit 72 dpi Auflösung einzusetzen. Möchten Sie allerdings die Präsentation in sehr guter Qualität drucken, so benötigen Sie mindestens 300 dpi und ein entsprechend größeres Fassungsvermögen Ihrer Festplatte.

Chart 27
Beispiel für den Einsatz eines Vollbilds

Tabellen, Diagramme, Technische Charts

Ein wesentlicher Beweggrund Folien im Rahmen einer Präsentation einzusetzen kann darin bestehen Tabellen, Diagramme und technische Abläufe visualisieren zu wollen. Mit ihrer Hilfe lassen sich Zusammenhänge leichter verdeutlichen, als dies rein sprachlich möglich wäre. Allerdings werden dabei immer wieder die gleichen Fehler gemacht wie

- Tabellen mit Inhalten zu überfrachten,
- Diagramme mit 3-D-Effekten ihrer Aussagen zu berauben und
- technische Abläufe zu komplex aufzubauen.

Dabei ist es relativ leicht, die Wirkung der Medien gerade in diesen Bereichen zu steigern. Schlüssel dazu ist die konsequente Beachtung der Richtlinien für Schriftgrößen, Farben und Raumaufteilungen.

Tabellen

So können Tabellen kaum überladen werden, wenn Sie die Schriften groß genug wählen. Verwenden Sie außerdem anstelle von schwarzen Linien unterschiedliche Farben zur Unterscheidung der einzelnen Tabellenspalten. Sie vermeiden so den Eindruck von „klein und verschachtelt". Sehen Sie sich als Beispiel dazu noch einmal Chart 26 an, das nichts anderes als eine Tabelle darstellt.

Diagramme

Bei Diagrammen – insbesondere bei Balkendiagrammen – erleichtert der Verzicht auf dreidimensionale Darstellungen die Wahrnehmung der tatsächlichen Werte. Die Beschränkung auf die wesentlichen (und vergleichbaren) Werte schafft Übersichtlichkeit, die Berücksichtigung ausreichend großer Schriften und gezielt eingesetzter Farben wertet das Diagramm visuell auf.

Die Konsequenz daraus ist jedoch, dass Sie *jedes* Diagramm, das Sie mit PowerPoint erzeugen, zumindest in Bezug auf die Schriftgrößen nachbearbeiten müssen. Wenn Sie Excel-Diagramme einbinden ist daneben auch noch die Anpassung der Farben vorzunehmen. Bei reinen PowerPoint-Diagrammen ist dies nicht notwendig, da PowerPoint-Diagramme auf die vordefinierten Farben im Folienmaster zugreifen, so dass Sie nur bei speziellen Farbzuweisungen, beispielsweise um einen Balken mit einer Kennfarbe zu versehen, manuell Veränderungen vornehmen müssen.

Die größte Herausforderung für den Ersteller von PowerPoint-Folien besteht jedoch in der Umsetzung von technischen Charts oder von Ablaufdiagrammen in eine für den Zuhörer geeignete und die Rede unterstützende Form. Denn meist ist der Sachverhalt so kompliziert, dass selbst eine vollflächige Darstellung völlig überladen aussehen und nur mit völlig ungeeigneten Schriftgrößen zu realisieren wäre.

Technische Charts

Nehmen wir ein Beispiel: Ein Softwarehaus wurde damit beauftragt eine Lagerhaltungssoftware zu programmieren, die an die individuellen Bedürfnisse des Auftraggebers angepasst ist. In einer Präsentation während des Projekts werden PowerPoint-Folien vorgestellt, die verschiedene Screenshots zeigen. Da die Zuhörer das Programm selber noch nicht bedient haben, sind sie durch die Bilder eher verwirrt, als dass sie ihnen tatsächlich weiterhelfen. (Stellen Sie sich einmal vor, Sie würden PowerPoint noch nicht kennen und jemand zeigt Ihnen einen Screenshot der Office XP-Variante mit dem am rechten Bildschirm eingeblendeten Aufgabenbereich für benutzerdefinierte Animation.)

Die Herausforderung besteht nun darin, den Zuhörern zwar den Überblick nicht vorzuenthalten – also ihnen den Screenshot zu zeigen – anschließend jedoch die wesentlichen Informationen aus dem Gesamtbild herauszuarbeiten. Eine Möglichkeit dies zu leisten besteht darin, den Screenshot in der Helligkeit deutlich zurückgenommen in den Hintergrund zu legen und den für die weiteren Ausführungen relevanten Bereich im Vordergrund wie durch eine Lupe *vergrößert* darzustellen. In einer anderen Variante wird der Screenshot durch einen Rahmen überlagert, der nur den Ausschnitt deutlich sichtbar lässt, der in diesem Augenblick der Präsentation von Belang ist, während die anderen Bereiche durch den Rahmen verdeckt werden.

Tipp

In PowerPoint erzeugen Sie einen solchen Rahmen aus einzelnen mit Farbe gefüllten Rechtecken. Damit der verdeckte Bereich nicht komplett ausgeblendet wird – und der Rahmen wie ein Trauerrand wirkt – können Sie die Deckkraft der Rechteckfüllfarbe anpassen. Sie wählen dazu im Menü *Format* den Befehl *Autoform formatieren* und stellen dann unter *Farben und Linien* die *Transparenz* ein.

Nicht zuletzt besteht auch eine Möglichkeit der Vermeidung des „Informationsoverflows" darin, die Grafik als solche zu entzerren und den Zuhörer Schritt für Schritt zu führen. Dieses

Verfahren entspricht in etwa der Entwicklung einer Grafik am Flip-Chart oder der Tafel.

In den in Chart 28 dargestellten Folien können Sie dies nachvollziehen. Während im linken Bereich der Folien ein Flussdiagramm eingeblendet ist, in dem der momentan kommentierte Schritt jeweils farblich hervorgehoben wird, sind im rechten Teil die dazugehörenden relevanten Aussagen plakativ und somit gut lesbar dargestellt. ➲ **Chart 28**

Der Vorteil einer solchen Darstellung im Rahmen einer Präsentation, gegenüber der üblichen Variante, bei welcher der gesamte Ablauf auf einer Folie dargestellt ist, ist unübersehbar.

Animationen und Übergangseffekte

Was unterscheidet in den meisten Fällen den von einem Hobbyfilmer geschnittenen Film von einem Hollywoodfilm? Neben der Aufnahmetechnik sind es in erster Linie die Übergänge von einer Einstellung zur nächsten. Während in Hollywoodfilmen sehr häufig mit so genannten harten Schnitten gearbeitet wird, verwenden Hobbyfilmer, die Ihre Filme am PC schneiden, häufig verspielte Überblendungen mit dem Effekt, dass ihr Film an dramaturgischer Spannung verliert.

Ähnlich wie beim Film verhält es sich mit den Animations- und Übergangseffekten bei PowerPoint-Präsentationen. Amateure spielen die Effekte voll aus und packen so viele wie möglich in eine Präsentation, die Profis sind zurückhaltend.

Übergangseffekte

Die Wirkung Ihrer Aussagen unterstreichen Sie, indem Sie einen Übergangseffekt (Wechsel von einer Folie zur nächsten) auswählen und diesen für die gesamte Präsentation beibehalten.

- Dem harten Schnitt des Film entspricht die Auswahl *Ohne Übergang.*
- Geeignet für großflächig bebilderte Folien ist auch der Effekt *Von innen* einblenden, da quasi aus der Mitte heraus die komplette Folie ersetzt wird.
- Wenn die Inhalte Ihrer Rede es jedoch nahe legen, dass auf zahlreichen Folien nur ein einzelnes Wort ausgewechselt,

Chart 28
Ablaufdarstellung – Anfrageneingang beim Infocenter

oder ein Wort abgeblendet in den Hintergrund gelegt und dann von einem anderen Wort überlagert wird, empfehle ich Ihnen den Effekt *Auflösen*. Dabei werden die Änderungen von Folie zu Folie in einzelne Pixel zerlegt, während der unveränderte Teil unbewegt stehen bleibt. Sie führen die Zuhörer damit mit minimalen Effekten zielführend von Aussage zu Aussage.

Tipp Wenn Sie eine Präsentation gestalten, in der Sie Pro und Contra gegeneinander abwägen und die jeweiligen Argumente durch einzelne Folien unterstützen, dann können Sie durch einen gezielten Einsatz von Übergangseffekten die unterschiedlichen Positionen deutlich von einander unterscheiden. Verwenden Sie beispielsweise immer dann wenn Sie zu einem Contra-Argument wechseln den Übergangseffekt *Von links schieben* oder *Von links überdecken*, wenn Sie hingegen zu einem Pro-Argument weiterklicken *Von rechts schieben* oder *Von rechts überdecken*. Mit dieser Technik unterstützen Sie den Gedankenfluss Ihrer Zuhörer, indem Sie dem Unterbewusstsein Signale senden, welcher Seite das nachfolgende Argument zuzuordnen ist.

Animationen

Eine weitere beliebte Unart ist es in PowerPoint Texte zu animieren und Zeichnungen in Spiralen durch das Bild fliegen zu lassen. Meist wird dadurch nur die Beherrschung des Programms zur Schau gestellt, nicht aber der Inhalt wirkungsvoll unterstützt.

In manchen Fällen ist es sinnvoll mit einer „modifizierten Animation" zu arbeiten. Zum Beispiel dann, wenn Sie eine Aufzählung verwenden und die einzelnen Punkte nach und nach enthüllen möchten. Jedoch ist dies nicht bei jeder Aufzählung notwendig, sondern häufig wirkt es eher störend. Wenn Sie jetzt zu schnell zu den durch das Programm vorgegebenen Animationshilfen greifen, haben Sie innerhalb kürzester Zeit eine Vielzahl von Mausklicks in Ihrer Präsentation, die während des Vortrags mit Ihrer Sprache koordiniert werden müssen. Aus diesem Grund empfehle ich von der Animationsfunktion Abstand zu nehmen und animierte Aufzählungslisten durch das Hintereinanderschalten einzelner Folien zu erzeugen, die mit dem Übergangseffekt *Auflösen* versehen sind.

Dieses Vorgehen bietet Ihnen dreifachen Nutzen:

- Jeder Schritt Ihres Vortrags ist in Ihrem Storyboard abgebildet und lässt sich genau so mit der Handzettelfunktion von PowerPoint ausdrucken. In Ihren Notizen sehen Sie also auf einen Blick, wann ein Mausklick erforderlich ist und welche Inhalte dann folgen.
- Durch die programmeigenen Animationen verschwinden während der Animation häufig einzelne Pixel, so dass die Schrift leicht ausgefranst erscheint. Dies liegt daran, dass nur Teile der Folie de facto ersetzt werden. Bei dem von mir vorgeschlagenen Verfahren wird rechnerisch die ganze Folie ersetzt, so dass Sie immer das optimale Bild dargestellt bekommen.
- Die zusätzliche Arbeit bei der Erstellung der Folien zwingt Sie zur Zurückhaltung. Damit vermeiden Sie eine Überfrachtung mit Effekten. ➲ **Chart 29**

In der Praxis führt der Umgang mit Animationen und Übergangseffekten nach dem von mir aufgeführten Vorgaben zu einer Konzentration auf das Wesentliche, und zwar sowohl bei Ihnen während der Vortragsvorbereitung als auch später beim Publikum während der Rezeption.

Faustregel für die Gestaltung

Wenn Sie die hier angeführten Gestaltungsvorgaben nochmals Revue passieren lassen, so führt alles zu folgender Faustregel hin:

Gestalten Sie konsequent und sparsam mit Effekten!

Chart 29
Animation durch Einzelfolien

12 Präsentationen leben

Präsentationen brauchen Leidenschaft. Der Redner ist der Hero. Geschichten leben von ihrem Erzähler. Eine Reihe von Aussagen, die sich fortsetzen ließe und die alle eine Frage aufwerfen: Wie werden Sie als Redner zum Hero?

Neben der inneren Einstellung, die die Basis für die Begeisterung an Präsentationen darstellt, sind es einige wenige Grundregeln, die Ihnen helfen während der Präsentation den Funken überspringen zu lassen.

Clear Entrance

Wenn Sie im Theater sind, dann wird der Beginn eines Stückes durch ein mehrmaliges Klingelsignal, das Herunterfahren der Beleuchtung und Öffnen des Vorhangs angekündigt. Damit haben die Zuschauer Zeit sich auf den unmittelbar bevorstehenden Beginn einzustellen und die Schauspieler können sich der ungeteilten Aufmerksamkeit sicher sein, wenn sie die Bühne betreten. Diese Vorbereitung des Publikums nennt sich *clear entrance.*

Für Präsentationssituationen wünschen sich die meisten Redner ebenfalls die volle Aufmerksamkeit des Publikums, geben diesem aber durch einen viel zu schnellen, unangekündigten Beginn keine Zeit, sich tatsächlich auf den Redner zu konzentrieren. Dabei lässt sich ein *clear entrance* leicht erreichen:

- Lassen Sie sich durch einen Unbeteiligten ankündigen und warten Sie dann noch einen kurzen Augenblick ab, bevor Sie mit Ihrer Rede beginnen.
- Lassen Sie durch einen an der Präsentation Unbeteiligten ein akustisches Signal geben (in Anlehnung an die Theaterklingel), welches die Zuhörer auf Ihren Auftritt vorbereitet.

- Treten Sie in aller Ruhe auf, suchen Sie Ihren Standplatz, stellen Sie dann den Blickkontakt zu Ihrem Publikum her und warten Sie ab, bis Ruhe und Aufmerksamkeit eingekehrt ist.

Tipp

Bei einem großen Publikum kann es sein, dass Sie so lange auf Aufmerksamkeit warten müssen, dass die Spannung bei den Zuhörern, die gleich zu Beginn aufmerksam waren, wieder nachlässt. In solch einer Situation empfiehlt es sich nach einer ersten kurzen Pause mit einem Halbsatz zu beginnen, inne zu halten, eine weitere Pause einzulegen und dann die Präsentation endgültig und nochmals von Anfang an zu eröffnen.

- Nutzen Sie einen ungewöhnlichen Einstiegseffekt wie völlige Dunkelheit im Raum, langsam lauter werdendes Stimmengewirr von einem Tonband, welches dann plötzlich abbricht oder eine Erkennungsmelodie à la Henry Maske, welche Ihr Erscheinen ankündigt.

Entscheidend für den erfolgreichen Auftritt ist unabhängig vom gewählten Einstieg, dass Sie sich die volle Aufmerksamkeit der Zuhörer sichern und erst dann beginnen, selbst wenn für Sie die Spannung in diesem Moment unerträglich zu werden droht.

Die äußere Form der Präsentation

Damit Ihr Storyboard, die bewusst gewählte Dramaturgie mit Höhepunkten und passenden Illustrationen auf Ihr Publikum überzeugend und kraftvoll wirkt, muss auch die äußere Form Ihrer Präsentation diesem inneren Gerüst gerecht werden.

Stellen Sie sich einmal eine Rede von Michael Schumacher zu Beginn einer neuen Saison vor, in der er im „Schlaftabletten-Sprechtempo" davon spricht, neue Rundenbestzeiten aufstellen und der Konkurrenz davon fahren zu wollen. Der Inhalt, also das wovon er spricht, wird mit Tempo und Kampf assoziiert, die Art des Vortrags würde in diesem fiktiven Beispiel jedoch eher zu einem langsamen Verlierer als zum aktuellen Champion passen. Die äußere Form wäre hier also falsch gewählt.

Rhythmus und Inhalt

Übertragen Sie nun dieses Beispiel auf Ihre PowerStory, so ergibt sich daraus die Notwendigkeit, die einzelnen Abschnitte Ihrer Präsentation auf den jeweiligen, durch den Inhalt vorgegebenen Rhythmus zu untersuchen. Zielt der Abschnitt beispielsweise auf Betroffenheit ab, dann ist Langsamkeit und damit verbunden auch eine gemäßigte Lautstärke sowie reduzierte Gestik und Mimik notwendig. Wollen Sie jedoch Ihr Publikum begeistern, so sollten Sie „Gas geben“. Werden Sie schneller, lauter, gestikulieren Sie stärker und nutzen Sie die Möglichkeit, sich in einem von Ihnen zuvor festgelegtem Rahmen zu bewegen.

Achten Sie im Zusammenhang mit der Rhythmik Ihrer Rede auch auf die Abfolge der PowerPoint-Folien. In beschleunigten Sequenzen beschleunigt sich auch die Bildfolge. Das heißt, in diesen Sequenzen sind Schlagworte und prägnante Bilder ausführlichen Aufzählungen und detaillierten Grafiken vorzuziehen. Tipp

Eine Präsentation bleibt dann interessant für die Zuhörer, wenn Rhythmuswechsel gezielt eingesetzt werden. Dadurch ändert sich die Stimmung im Raum, die Konzentrationsfähigkeit steigt bzw. bleibt bei längeren Präsentationen erhalten. Monotonie, gleichförmige Betonung und unverändertes Tempo jedoch verführen zu gedanklichen Abschweifungen.

Sprache

Beinahe merkwürdig mutet es mich an, wenn ich an dieser Stelle über vermeintliche Selbstverständlichkeiten schreibe. Eine Präsentation muss in deutlicher und verständlicher Sprache gehalten werden. Das bedeutet, dass die Lautstärke dem Publikum und dem Raum – denken Sie daran, dass manche Räume eine dermaßen schlechte Akustik besitzen, dass der Redner unabhängig von der Zuhörerzahl unbedingt ein Mikrofon braucht, um verständlich zu bleiben – angepasst werden muss.

Wenn Sie mit Mikrofon arbeiten, dann planen Sie ausreichend Zeit für einen Soundcheck ein. Sorgen Sie dafür, dass ein Techniker da ist, der Ihnen die Handhabung des jeweiligen Mikrofons erklärt und die Lautsprecheranlage an Ihre Stimme anpasst. Wenn Sie dann Ihre Sprechprobe machen, verwenden Sie dazu Auszüge aus Ihrer Präsentation, laute und leise Passagen. Damit kann der Techniker die Anlage optimal ausleveln. Das häufig zu hörende „eins-zwei“ reicht dafür *nicht* aus. Auch ist es wichtig, die Anlage auf möglicherweise verwendete Ton- Tipp

Dokumente einzustellen und die Tonqualität dieser Präsentationspassagen und Ihre Stimme aufeinander abzustimmen. Eine schlecht eingestellte Anlage wird schnell zur Belastung für Ihr Publikum. Rückkoppelungseffekte, Rauschen und Atemgeräusche sind unangenehme Störungen der Präsentation, die Sie mit guter Vorbereitung vermeiden können.

Aussprache

Auch die Aussprache, die für die Verständlichkeit von hoher Bedeutung ist, verdient Beachtung: Betonen Sie die Wort-Endungen, auch wenn in Ihrem Dialekt Endungen gering geschätzt werden. Damit helfen Sie Zuhörern aus einer anderen Dialekt-Region, Ihrer Präsentation zu folgen und Sie helfen sich, da endungsbetontes Sprechen lauter wirkt und Sie so Ihre Stimme schonen können.

Satzbau

Der für mich jedoch wichtigste Punkt ist der Satzbau. Wenn Sie einen komplizierten Satzbau wählen, ist es Ihnen mit Sicherheit nicht möglich, Betonungen und Rhythmik gezielt einzusetzen. Zu sehr wird Ihre Konzentration durch die Grammatik blockiert werden. Einfache und kurze Sätze sind das Erfolgsrezept. Sie lassen sich spielend gestalten. Betonungen können gesetzt werden, ohne dass Ihnen plötzlich die Atemluft ausgeht, Sie können sie langsam und gedehnt sprechen, aber ebenso wie bei einem Bombardement flächendeckend in schneller Abfolge Worte auf Ihre Zuhörer abfeuern. Hinzu kommt, dass Untersuchungen ergeben haben, dass kurze Sätze leichter gemerkt und wesentlich besser verstanden werden. Wozu also sollten Sie sich das Leben mit Schachtelsätzen erschweren?

Im Team präsentieren

Eine interessante Variante, mit der sich Rhythmik und sprachliche Elemente in einer Präsentation ideal voneinander abheben lassen, ist die Präsentation im Team. Sobald zwei unterschiedliche Redner im Raum sind, die miteinander ein Thema vorstellen, sind automatisch zwei Arten sich auszudrücken, zwei Arten zu betonen und zu gestikulieren sowie zwei unterschiedliche Rhythmen im Raum. Für den Zuhörer bedeutet dies, dass er immer wieder neue Reize erhält und seine Konzentration somit wach gehalten wird.

Voraussetzung dafür ist jedoch, dass die beiden, die miteinander präsentieren, auch unterschiedlich genug sind. So sind ideale Kombinationen beispielsweise

Teamzusammensetzungen

- der Schnell- und der Langsamsprecher,
- der Motivator und der Faktenverliebte,
- der Visionär und der Zuverlässige,
- Mann und Frau,
- der Erfahrene und der Junge,
- der aus dem Marketing und der Techniker.

Je gegensätzlicher die Paarungen in ihrem Auftreten, in ihrer Art zu sprechen und in der Art Inhalte zu vermitteln und zu vertreten sind, desto spannender für das Publikum. Da im Publikum ebenfalls unterschiedliche Typen sitzen, haben diese die Chance, sich individuell mit dem sie mehr ansprechenden Charakter zu identifizieren. Über diese unterschiedliche Identifizierung ist es dann für die beiden Präsentierenden auch leichter unterschiedliche Ansichten und Spannungen innerhalb des Publikums zu überbrücken, als wenn ein Einzelner, der von einem Teil der Zuhörer gleich in ein bestimmtes Lager abgeschoben wird, versucht, die Zuhörer zu einer gemeinsamen Haltung zu bewegen.

Damit Teampräsentationen jedoch gut wirken, ist es wichtig, dass beide Präsentierenden nach dem Motto handeln, den anderen vor dem Publikum gut aussehen zu lassen. Dies bedeutet vor allem, sich nicht in der Öffentlichkeit zu widersprechen, weder durch die eigene Mimik, noch durch eine gelangweilte Körperhaltung während der Ausführungen des Partners dessen Aussagen abzuwerten.

Auch derjenige, der im Augenblick nicht aktiv präsentiert, wird vom Publikum immer mit beobachtet. Er muss daher präsent sein und nonverbal die Inhalte seines Partners unterstützen. Wenn das Publikum sieht – und ich meine hier tatsächlich sehen – dass zwei an einem Strang ziehen, dann entsteht dadurch Glaubwürdigkeit und Überzeugungskraft.

Tipp

Derjenige, der gerade nicht aktiv gefordert ist, kann diese Phase auch dazu benutzen, dem Publikum und den Publikumsreaktionen besondere Aufmerksamkeit zu schenken. Sollte sein Partner dann beispielsweise durch eine überraschende Zwischenfrage in Antwortschwierigkeiten geraten, hat er die Chance diesem „vorbereitet“ zur Seite zu stehen. Schließlich konnte er, da oft einer Frage eine deutlich wahrnehmbare körperliche Reaktion vorausgeht, beobachten, an welcher Stelle der Ausführungen sich der Zuhörer aufgerafft hat, die Zwischenfrage zu stellen. Damit hat er Zeit sich auf das Antworten einzustellen, während sein Kollege sich auf die Inhalte der eigenen Aussagen konzentrieren muss und so in seiner Publikumswahrnehmung eingeschränkt ist.

Klare Aufgabenzuordnung

Hilfreich für Teampräsentationen ist es, wenn jedem der Partner bereits in der Vorbereitungsphase eine klare Aufgabe zugeordnet wird. So könnten beispielsweise Problemstellung, technische Lösung und damit verbundene Fragen dem einen der beiden Präsentierenden zugeordnet sein, dem anderen Zukunftsvisionen und Handlungsmotivation. Entsprechend dieser Aufgabenverteilung werden dann auch Fragen des Publikums beantwortet. Das heißt beispielsweise bei der von mir geschilderten Aufgabenverteilung, dass sich der Visionär unbedingt raushalten muss, wenn nach technischen Details gefragt wird.

Im Team üben

Damit das aufgabenkonforme Rollenspiel dann vor Ort auch klappt, sollten Sie die Präsentation im Team auf jeden Fall einmal üben. Überprüfen Sie dabei, wann der Wechsel von einem Präsentator zum anderen gemäß Ihres Storyboards sinnvoll ist. Trainieren Sie beginnend mit der gegenseitigen Vorstellung die Übergaben von einem Referenten zum nächsten, damit jeder Einzelauftritt einen *Clean Entrance* und den im weiteren Verlauf beschriebenen *Clean Exit* bekommt.

Den Raum bewusst nutzen

Im Theater erarbeiten sich die Schauspieler in der Probe ihren Raum auf der Bühne. Die Bewegungen, die Zahl der Schritte, die Orte der Begegnung werden exakt festgelegt und häufig am Boden markiert. Dies geschieht, damit die Wirkung der in fließendem Wechsel entstehenden Bilder optimiert wird. Für das Publikum entsteht dadurch der Eindruck spielerischer Leichtigkeit aus dem unter anderem die Begeisterung für das Stück resultiert. Stellen Sie sich als Kontrast doch einmal ein Theaterstück vor, in dem die Akteure auf der Bühne nie genau wissen von welche Seite demnächst ein Mitspieler auftreten wird, auf welchen Stuhl sie sich setzen sollen und wohin sie abgehen werden.

In letzter Konsequenz ist eine optimale Präsentation nichts anderes als eine perfekte Inszenierung von Redner und Medien. Daher ist es auch für den Präsentierenden wichtig, sich den Raum optimal vorzubereiten, seine Stand-Plätze und seine Bewegungen zu planen. Ich empfehle Ihnen folgenden Punkten besondere Beachtung zu schenken:

1. *Ist es dem Redner möglich, zu Beginn aus zentraler Position in der vorderen Mitte des Raumes zu eröffnen?*

Die vordere Mittelposition ist die Position, die am meisten Aufmerksamkeit auf sich zieht und in der der Redner seinen Status als „der im Moment Bestimmende" am deutlichsten unterstreicht. Beobachten Sie einmal unsichere Redner. Die meisten wählen einen Standplatz seitlich der vorderen Mitte – was die Flucht erleichtert – oft sogar hinter einem Schutz bietenden Möbelstück wie einem Tisch oder Pult.

2. *Welche Position nimmt der Redner ein, wenn er den Blick der Zuhörer auf die Medien lenken möchte?*

Selbst optimal vorbereitete Medien unterstützen die Rede nicht, wenn das Publikum das Medium nicht oder nur mit äußerster Anstrengung sehen kann, weil der Redner den Blick verstellt. Aus diesem Grund braucht der Redner neben der vorderen Mittelposition mindestens einen weiteren Standplatz, von dem aus er zum Publikum Kontakt halten kann und der dennoch den Blick auf die Medien frei gibt.

Auch bei einer vollständig auf PowerPoint aufgebauten Präsentation ist es notwendig, dass der Redner immer wieder auf der vorderen Mittelposition in Erscheinung tritt, andernfalls wird es ihm schwer fallen, die Wirkung des Hero zu erzielen. Die in die Präsentation eingefügten Schwarzfolien zwischen einzelnen Abschnitten bieten dazu eine gute Gelegenheit. Wenn der Redner diese nutzt, um in die Mitte zu treten, verdeckt er keine Inhalte, und selbst wenn der Projektor vor ihm auf einem Tisch steht, wird er nicht durch den Projektionsstrahl illuminiert. Tipp

3. *Wo platzieren sich die Redner bei einer Teampräsentation?*

Noch mehr Bedeutung gewinnt die Frage der Standortwahl bei einer Teampräsentation. Als Präsentationsteam müssen Sie unbedingt darauf achten, dass jeder der beiden Redner einen Standplatz besitzt, der es ihm erlaubt, das Publikum direkt anzusprechen und der es den beiden erlaubt, das Wort aneinander zu richten, ohne dem anderen aus unmittelbarer Nähe ins Gesicht zu sprechen. Das bedeutet, dass der Abstand zwischen den beiden einer normalen Gesprächsdistanz entsprechen sollte. In unserem Kulturkreis entspricht dies ca. 100 bis 150 cm.

4. Steht dem Redner/den Rednern bei einer Teampräsentation genügend Raum zur Verfügung?

Ein häufig zu beobachtender Fehler im Zusammenhang mit der Raumnutzung ist ein beengtes Wirkfeld des Redners bzw. des Rednerteams. Gerade wenn Präsentationen außerhalb der eigenen Räumlichkeiten stattfinden, scheuen sich Redner davor, die Anordnung von Tischen, den Standplatz von Flip-Chart-Ständern und Pinnwänden entscheidend zu verändern. Die Folge dieser Scheu ist jedoch dann, dass sich der Redner oder das Team zwischen den Gegenständen wie eingesperrt fühlen und sie nicht mehr frei agieren und gestikulieren können. Sichtbar wird dies häufig dadurch, dass der Redner über die „Hindernisse" stolpert. Schaffen Sie sich daher genügend Raum. Betrachten Sie den Bereich in dem Sie sich bewegen wollen als Ihre Bühne, für deren Gestaltung Sie verantwortlich sind und die Sie daher beliebig verändern dürfen. Allerdings sollten Sie dazu auch genügend Zeit einplanen.

Tipp Wenn Sie in ungewohnter Umgebung präsentieren möchten, empfehle ich Ihnen mindestens eine Stunde vor der Präsentation vor Ort zu sein, um die Bühne und die Technik vorzubereiten. Kommt ein Soundcheck hinzu, sollten Sie sogar zwei Stunden einplanen, um auf der sicheren Seite zu sein.

5. Wo platziert sich der gerade nicht aktive Partner während einer Teampräsentation?

Präsentationen im Team wirken oft ungelenk, weil im Vorfeld dieser Frage keine Beachtung geschenkt wurde. Das Ergebnis ist dann, dass derjenige, der gerade nicht spricht, vor dem Publikum steht, nicht mehr weiß wohin er seine Hände stecken soll und sich zunehmend unwohler fühlt. Wenn also abzusehen ist, dass über eine längere Zeit nur einer der beiden präsentieren wird, ist es sinnvoll, den anderen vom Stehen zu befreien und ihn Platz nehmen zu lassen. Allerdings sollte dieser Platz nicht im Publikum sein, sondern so gewählt werden, dass das Publikum ihn noch gut wahrnehmen kann und er bei einer Frage, die seine Präsenz erfordert, jederzeit mit einem Schritt auf seinem

Platz auf der Bühne steht. Der letzte Punkt ist extrem wichtig! Denn er impliziert, dass eine Frage im Stehen beantwortet wird. Nur stehend schöpft der Redner seine maximale Präsenz aus. Sitzend zu antworten mag zwar subjektiv bequemer sein, ist aber von der Wirkung auf die Zuhörer her ein grober Schnitzer!

6. *Wann ist der richtige Zeitpunkt, um auf das Publikum zuzugehen?*

Eine hohe Aufmerksamkeit für den Redner und dessen Inhalte lässt sich erzielen, wenn der Redner besonders wichtige Teile seiner Rede dadurch unterstreicht, dass er auf das Publikum zugeht. Die plötzliche Distanzverkürzung unterstreicht, dass der Redner jetzt die volle Aufmerksamkeit möchte. Er wirkt schlagartiger lauter, die Präsenz der Person steigt. Von daher ist dieses Element immer dann besonders wirkungsvoll, wenn Sie es mit einer direkten Ansprache (einem unmittelbaren Appell) an das Publikum verknüpfen und sparsam einsetzen. Ein Redner, der ständig durch das Publikum „tigert“, erzeugt Unruhe, keine Aufmerksamkeit.

Tipp

Ich empfehle Ihnen, zu einer Präsentation eine Kabeltrommel mitzunehmen. Damit können Sie sicherstellen, dass auf Ihren Laufwegen keine Stolperfallen liegen werden. Normale Verlängerungskabel sind häufig zu kurz, das Vertrauen auf den Veranstalter, dass er Ihnen genügend lange Kabel zur Verfügung stellen wird, ist „blauäugig“.

Wie bereits eingangs erwähnt, werden im Theater die Bewegungen geübt. Ich empfehle auch Ihnen, Auf- und Abgänge zu proben, insbesondere wenn Sie im Team präsentieren. Wenn Ihre Präsentation koordiniert wirkt, wirkt Sie damit gleichzeitig überzeugender.

Clean Exit

Als es um die Gestaltung der Dramaturgie für Ihre PowerStory ging, haben wir uns bereits damit beschäftigt, dass das Ende für ein Publikum erkennbar sein muss. Deswegen schließt sich der Kreis und der Held kehrt an den Ausgangspunkt zurück.

Damit dieses Ende auch durch den Präsentierenden deutlich gemacht wird, ist es notwendig, dass er auch durch seine Haltung das Ende einer Präsentation signalisiert. So kann er beispielsweise nach seinen letzten Worten einen kleinen Schritt zurücktreten und dem Publikum durch ein Kopfnicken signalisieren, dass die Präsentation beendet ist. Bei einem großen Auftritt vor großem Publikum kann er genau wie ein Schauspieler nach vorne an die Rampe treten, sich verbeugen und sich den Applaus abholen. Wichtig ist in jedem Fall, dass keine überraschende Flucht aus der öffentlichen Situation erfolgt:

- Der Redner wartet den Applaus ab und setzt sich dann.
- Der Redner wartet den Applaus ab und eröffnet dann die Diskussion.
- Der Redner wartet den Applaus ab, dann tritt der Moderator auf und ermöglicht dem Redner einen sauberen Abgang oder leitet in die Diskussion über.

Diese Pause ist der *Clean Exit*, der Schlusspunkt der Präsentation, der die Wirkung nochmals verstärkt. Beobachten Sie daraufhin einmal Präsentationen und nehmen Sie wahr, wie oft eine tolle Präsentation in den letzten Sekunden durch Hast des Präsentierenden noch abgewertet wird. Im Theater ist der Schlussapplaus Gegenstand der Probenarbeit; warum wohl?

13 Der Pretest

Wenn Sie Ihr Vorgehen bei der Vorbereitung Ihrer Präsentation nach den Inhalten der bisherigen Kapitel ausgerichtet haben, dann haben Sie mittlerweile viel Zeit in die Gestaltung Ihrer PowerStory gesteckt. Umso wichtiger, dass Sie nun die optimale Umsetzung nicht dem Zufall überlassen, sondern Ihre Präsentation proben, einen so genannten Pretest durchführen.

Technischer Pretest

Ideal ist es, wenn Sie bei der Präsentation vollständig auf eigenes Equipment zurückgreifen können. Denn dann können Sie das Zusammenspiel der einzelnen Komponenten Software, Notebook und Beamer optimal vorbereiten. Damit beugen Sie bereits einer der häufigsten Ursachen für misslungene Präsentationen, Problemen mit der Technik vor. Außerdem eignen Sie sich die richtigen Handgriffe an, die notwendig sind, um in Stresssituationen richtig und professionell auf Pannen zu reagieren.

Das eigene Notebook

Die erste Voraussetzung für eine optimale Präsentation ist die Verwendung des eigenen Notebooks. Auf diesem ist in der Regel die zu präsentierende Datei gespeichert und es sind die richtigen Schriften installiert. Beachten Sie jedoch, dass Sie möglicherweise Ihre Präsentation am Arbeitsplatzrechner erstellt haben und die Datei im Netzwerk gespeichert wurde. Wenn Sie nun mit Ihrem Notebook beim Pretest ebenfalls an das Netzwerk angeschlossen sind, dann kann es sein, dass Ihnen in heimischer Umgebung nicht auffällt, dass benötigte Dateien auf dem Notebook nicht vorhanden sind.

Ein echter Pretest sieht also so aus, dass Sie das Notebook vom Firmennetzwerk trennen und dann die einzelnen Charts durcharbeiten. Insbesondere bei non-linearen Präsentationen sollten Sie darauf achten, dass Sie alle Verknüpfungen anklicken um sicher zu sein, dass diese auch auf dem Notebook funktionieren und nicht versehentlich Verknüpfungen zu Dateien auf dem Netzwerk vorhanden sind, die dann ohne Netzverbindung nicht abgerufen werden können.

Tipp

Um im Notfall auch von einem fremden Notebook aus präsentieren zu können, sollten Sie eine CD erstellen, auf der Sie die PowerPoint-Datei, die verwendeten Schriftarten sowie eventuell vorhandene Verknüpfungen zu Bild-, Video- oder Tonmaterial brennen. Damit können Sie innerhalb kürzester Zeit auch ein fremdes Notebook so einrichten, dass Ihre Präsentation optimal verläuft. Wenn Sie jedoch mit dem Gedanken spielen sollten, die Präsentation von CD-ROM zu starten, dann sollten Sie damit rechnen, dass es gegenüber einem Start vom Notebook zu deutlichen Verzögerungen beim Aufbau der einzelnen Charts kommen kann und der Anlage von Verzeichnissen, in die verknüpfte Dateien gelegt werden, besondere Beachtung zu schenken ist.

Den Beamer anschließen und einstellen

Im nächsten Schritt schließen Sie nun Ihr Notebook an den Beamer an. Machen Sie sich dabei insbesondere mit den Kabeln vertraut. Checken Sie diese dann unmittelbar bevor Sie zur „Live-Präsentation“ aufbrechen nochmals auf Vollständigkeit durch. Außerdem sollten Sie sich an Ihrem Notebook mit der Tastenkombination vertraut machen, die notwendig ist um vom Notebook-Bildschirm auf den Beamer umzuschalten bzw. um sowohl auf dem Notebook-Bildschirm als auch, über den Beamer projiziert, an der Projektionswand die von Ihnen gewünschten Folien angezeigt zu bekommen. Bei den meisten Notebooks schalten Sie durch die Kombination der mit der Bezeichnung *Fn* (Funktion) beschriebenen Taste mit einer der 12 Funktionstasten den Bildschirmmodus um.

Sobald die Verbindung steht, können Sie Ihre Präsentation im projizierten Zustand betrachten. Häufig stellen Sie dabei fest, dass die Farbkontraste am Bildschirm sehr gut zu erkennen waren, bei der Projektion aber kaum oder schlecht erkennbar sind. Dies ist möglicherweise auf eine falsche Einstellung des Beamers zurückzuführen. Machen Sie sich daher auch mit den Einstellmöglichkeiten des Beamers vertraut. Helligkeit, Kontrast, Farbsättigung sowie die Schärfeeinstellungen und den Focus zur Erreichung der maximalen Projektionsfläche sollten Sie kennen. Während die erstgenannten Punkte meist über ein

Menü am Beamer eingestellt werden, wird die Schärfe in der Regel direkt am Objektiv justiert, ebenso der Focus, sofern dafür keine eigene Taste am Beamer existiert.

Tipp

Da Beamer innerhalb eines Unternehmens häufig von mehreren Leuten verwendet werden, rate ich Ihnen dazu, die für Ihre Präsentation optimalen Einstellungen aufzuschreiben, um – sollte ein anderer Änderungen vorgenommen haben – diese kurz vor der Präsentation zielsicher und schnell wieder einstellen zu können. Sie werden meist nicht genug Zeit für ausführliche Einstellarbeiten haben. Sollten Sie nicht mit dem eigenen Beamer arbeiten, sondern auf die Technik anderer angewiesen sein, so planen Sie ausreichend Zeit ein, um alle Einstellungen an den Ihnen fremden Geräten unmittelbar vor Ort vornehmen zu können.

Sollten Sie auch nachdem Sie alle Möglichkeiten der Einstellung ausgeschöpft haben mit den Kontrasten noch nicht zufrieden sein, so kann dies an der mangelnden Leuchtstärke Ihres Beamers oder anders formuliert, an der zu großen Helligkeit im Präsentationsraum liegen. Da Sie von diesen beiden Dingen allerdings nur den letztgenannten Punkt beeinflussen können – mit dem Risiko, dass der Raum zu dunkel wird und einschläfernd auf die Zuhörer wirkt – sollten Sie Ihre Präsentation in Bezug auf die von Ihnen gewählten Farbkontraste nochmals überarbeiten.

Tipp

Gehen Sie am Besten bereits bei der Präsentationserstellung davon aus, dass Ihre Präsentation in einem durch Sonnenlicht taghell erleuchteten Raum stattfinden wird. Die Realität kann dann nur noch besser sein.

Bildschirmschoner und Stromverbrauch

Jetzt sind es nur noch zwei Kleinigkeiten, die Sie für den Pretest bzw. vor jeder Präsentation einstellen und kontrollieren sollten:

- Ist der Bildschirmschoner ausgeschaltet?
- Sind die Einstellungen der Stromverbrauchssteuerung so, dass das Notebook bei Phasen längerer Inaktivität nicht ab- oder in den Stand-By-Modus geschaltet wird?

Haben Sie diese Punkte nicht beachtet, dann wird entweder der Bildschirmschoner plötzlich aktiv, oder aber – und dies ist meiner Ansicht nach fast noch schlimmer, da nicht durch eine einfache Mausbewegung zu beheben – das Notebook schaltet ab, der Beamer bekommt kein Eingangssignal mehr und projiziert einen blauen Hintergrund an die Wand.

Tipp Um auf jede Situation vorbereitet zu sein, empfehle ich Ihnen die Notebook-Akkus in jedem Fall vor einer Präsentation voll zu laden. Sofern Sie eine batteriebetriebene Funkmaus verwenden, sollten Sie außerdem vor einer wichtigen Präsentation neue Batterien einsetzen bzw. Ersatzbatterien zur Hand zu haben.

Pretest vor Publikum

Das Pretest-Publikum briefen

Um einen reibungslosen Ablauf Ihrer Präsentation sicherzustellen und um Schwächen in der Argumentation aufzudecken, empfehle ich Ihnen einen Pretest vor Publikum. Dabei kann das Publikum aus nur einer Person bestehen, wichtig ist jedoch, dass Sie ein Feedback erhalten, welches Sie davor bewahrt, in der „Live-Situation" in vorhersehbare Fallen zu tappen.

Damit Ihnen der Pretest vor Publikum auch tatsächlich etwas bringt, sollten Sie Ihr Publikum für die Beobachterrolle *briefen.* Legen Sie dazu am besten Fragen fest, die die Beobachter vorab bekommen, damit sie während der Präsentation wissen, worauf sie achten und wozu sie sich Notizen machen sollen. Im Anschluss an die Präsentation sprechen Sie dann die Fragen durch. Hier einige Beispiele für solche Fragen:

Welche Unstimmigkeiten haben Sie zwischen meiner/unserer Geschichte und dem was ich/wir vermitteln möchte(n) wahrgenommen?

- Welche Unstimmigkeiten haben Sie zwischen meinen/unseren Folien und meinen/unseren Ausführungen wahrgenommen?
- Welche Fragen sind bei Ihnen spontan aufgetaucht und unbeantwortet geblieben?
- Welche Tipps haben Sie bezogen auf die grafische Gestaltung der Folien für mich/uns (Farbgebung, Schriftgrößen, Kontraste etc.)?
- Welche Tipps haben Sie in Bezug auf meinen/unseren jeweiligen Präsentationsstil für mich/uns (Tempo, Körpersprache, Sprachmelodie etc.)?
- Was ist Ihnen bei meinem/unserem Umgang mit den Medien aufgefallen?
- Wie haben Sie unser Zusammenspiel im Präsentationsteam erlebt?

Je genauer Sie vor dem Pretest überlegen, was Sie wissen möchten, desto präziser werden Ihre Fragen ausfallen und desto hilfreicher wird Ihnen das Feedback der Zuhörer sein. Ohne eine Orientierung dahingehend, welche Punkte Ihnen besonders wichtig sind, überfordern Sie Ihr Publikum und Sie erhalten in der Regel nur ein allgemeines und oberflächliches Feedback.

Den Pretest ernst nehmen

Während der Durchführung des Pretests sollten Sie dann die gleiche Ernsthaftigkeit an den Tag legen wie später bei Ihrem eigentlichen Publikum. Legen Sie genauso viel Wert auf die Gestaltung des Raumes und auf die Zuweisung der Sitzplätze für Ihre Zuhörer wie auf Ihre eigene Platzwahl, den klaren sauberen Auftritt und, wenn Sie im Team präsentieren, die gegenseitigen Übergaben. Ihnen werden bei einer exakten Durchführung bereits selber wesentliche Details auffallen, die verändert werden müssen, auch ohne dass Sie das Publikum auf diese Punkte hinweist.

14 Durchführung – im Ernstfall improvisieren

Trotz optimaler Vorbereitung und ausführlichem Pretest können Sie sicher sein, dass in der „Live-Situation" doch etwas anders läuft als ursprünglich gedacht. Sei es dass die Zuhörer überraschende Fragen stellen, sei es dass Ihnen der Raum für die Präsentation erst zehn Minuten vorher zugänglich ist oder dass Ihnen mitten während der Präsentation die Technik komplett ausfällt. In fast jedem Fall werden Sie an irgendeiner Stelle in die Situation kommen, im Ernstfall doch improvisieren zu müssen. Doch wie im Improvisationstheater auf der Bühne sind zwar die Inhalte Gegenstand der Improvisation, nicht aber die Techniken, mit denen die Improvisation in die Praxis umgesetzt wird.

Das Emergency-Briefing

Piloten bereiten sich auf technische Pannen so vor, dass Sie vor dem Start das Verhalten im Notfall nochmals laut miteinander durchsprechen. Mit diesem *Emergency-Briefing* werden die notwendigen Handgriffe mental durchgespielt, rücken dadurch in das Bewusstsein und sind im Notfall schnell abrufbar. Außerdem werden dadurch die Zuständigkeiten im Cockpit geklärt und es entsteht kein Zeitverlust durch Abstimmungsschwierigkeiten in der Notsituation.

Ich schlage Ihnen für Ihre Präsentationssituation ein ähnliches Vorgehen vor. Legen Sie für sich konkrete, das heißt bis ins Detail beschriebene Vorgehensweisen für zumindest die folgenden, für Präsentationssituationen typischen Emergency-Fälle fest. Spielen Sie die jeweiligen Vorgehensweisen auf der Fahrt zum Präsentationsort gedanklich einmal durch beziehungsweise sprechen Sie sie bei Teampräsentationen mit Ihrem Partner ab. Die Folge ist die Gelassenheit desjenigen, der weiß, dass er sich im Rahmen seiner Möglichkeiten optimal vorbereitet hat. Einige Vorschläge dafür, was Sie im Emergency-Fall regeln beziehungsweise wie Sie vorgehen können, habe ich Ihnen hier zusammengestellt.

1. *Die Vorbereitungszeit zur Raumvorbereitung ist aufgrund äußerer Umstände zu knapp bemessen.*

Verzögern

Tritt dieser Fall ein, so sollten Sie sich darüber im Klaren sein, welche Möglichkeiten Sie haben, die für die Vorbereitung zur Verfügung stehende Zeitspanne zu verlängern. Häufig wird dies dadurch erreicht, dass den Teilnehmern vor Beginn noch ein Kaffee angeboten wird oder dass Sie mit den Zuhörern eine Vereinbarung über einen nach hinten verschobenen Anfangszeitpunkt treffen. Achten Sie jedoch darauf, dass einmal anwesende Zuhörer nicht wieder verschwinden, andernfalls besteht die Gefahr, dass diese durch den Alltag vereinnahmt werden und nicht rechtzeitig zum neu angesetzten Beginn zurückkehren.

Aktionen priorisieren

Dann ist es notwendig, die anstehenden Tätigkeiten wie beispielsweise „Tische umstellen, Notebook und Beamer vorbereiten“ oder „Teilnehmerunterlagen austeilen“ priorisiert zu haben. Welche Maßnahmen müssen unbedingt sein, damit Ihre Präsentation ein Erfolg werden kann, und welche können zur Not auch entfallen? Legen Sie die daraus resultierenden notwendigen Handlungen in Umfang und Reihenfolge fest. Sollten Sie im Team präsentieren oder nicht alleine beim Publikum erscheinen, dann legen Sie die Aufgabenverteilung für den Ernstfall fest. Beispielsweise könnte einer von Ihnen mit dem Publikum einen Small Talk führen, während der andere die Technik aufbaut.

2. *Die mitgebrachte oder zur Verfügung gestellte Technik versagt.*

Das Versagen der Technik kann mehrere Ursachen haben. Auf der einen Seite kann ein Softwaredefekt vorliegen, auf der anderen Seite ein Hardwaredefekt. Für beide Fälle sollten Sie eine Checkliste vorbereiten und diese durchgehen. Eine solche Checkliste besteht aus den Handgriffen, die notwendig sind um den Fehler zu lokalisieren und im Weiteren aus den sich daraus ergebenden Handlungen.

Wenn Sie eine solche Checkliste aufstellen, dann sollten Sie besonders darauf achten, wie viel Zeit die Fehlerdiagnose und die anschließende Fehlerkorrektur in Anspruch nehmen wird.

Denn Sie können einem Publikum zwar jederzeit bei einem Problem eine kurze Unterbrechung zumuten, nicht jedoch die Geduld erwarten, über mehrere Minuten etwaigen Reparaturarbeiten folgen zu müssen. Die Faustregel lautet in einem solchen Fall, dass Sie nicht länger als *zwei Minuten* benötigen sollten, bevor Sie Ihre Präsentation fortsetzen können.

Softwareprobleme

Das heißt beispielsweise, dass ein Absturz der Präsentationssoftware durch einen erneuten Aufruf problemlos behoben werden kann, ohne das das Publikum ungeduldig wird. Ist für die Fehlerbeseitigung jedoch ein Neustart des Betriebssystems notwendig, dann kann dieser nur in einer Pause oder mit abgeschaltetem Beamer durch einen Teamkollegen erfolgen, während Sie die Präsentation zwischenzeitlich ohne Medienunterstützung fortsetzen.

Hardwareprobleme

Hardwaredefekte sind in der Regel in einer Präsentation kaum zu reparieren. Fällt beispielsweise die Lampe des Beamers aus, dann hilft nur ein Ersatzbeamer. Doch habe ich bisher noch keinen Präsentator gesehen, der für diesen seltenen Fall einen zweiten Beamer oder ein zweites Notebook mit sich herumgetragen hätte. Dennoch sollten Sie sich auch auf diesen Fall vorbereiten und planen, wie Sie vorgehen wollen. Häufig gibt es beispielsweise innerhalb einer Präsentation Punkte, an denen eine spontane Unterbrechung in Form einer Zigarettenpause möglich ist. Wenn Sie dann eine passende Notfalltelefonnummer zur Hand haben, unter der Sie eine helfende Hand erreichen, die Ihnen einen Ersatz für das ausgefallene Gerät besorgt, so haben Sie sich gut vorbereitet. Achten Sie jedoch darauf, dass die helfende Hand in der Nähe verfügbar ist. Zum Beispiel könnte dies der EDV-Techniker des Unternehmens sein, in dem Sie präsentieren.

Tipp

Eine optimale Vorbereitung für den geschilderten „Worst Case“ besteht darin, dass Sie im Vorfeld planen, wie Sie einen Komplettausfall der Projektionstechnik kompensieren werden. Ich empfehle Ihnen die wichtigsten Charts auf Overheadfolien mitzubringen und einen geprüften Overheadprojektor bereitzustellen. Die Betonung liegt dabei aber auf *den wichtigsten Charts.* Versuchen Sie keinesfalls alle Charts durch Folien zu ersetzen. Eine plakative Gestaltung wie die zuvor beschriebene verträgt sich selten mit der kompletten Umsetzung auf Overheadfolien. Ergänzend ist es bei Präsentationen im kleinen Rahmen hilfreich, ein Flip-Chart aufzubauen und *funktionierende* Stifte dabei zu haben. Plakative Aussagen, die aus wenigen Worten bestehen, lassen sich so schwung- und wirkungsvoll auf das Papier übertragen und entwickeln auch dort ihre Wirkung.

3. *Der geplante Zeitraum für die Präsentation wird überraschend verkürzt.*

Eigentlich müsste ich *überraschend* in diesem Zusammenhang in Klammern schreiben, denn oft ist dieser Umstand bereits an der Agenda einer Veranstaltung abzulesen: Sie stehen als vierter Redner unmittelbar vor der Mittagspause auf dem Programm. Die Wahrscheinlichkeit, dass Ihnen nicht die volle geplante Redezeit zur Verfügung steht, ist hoch, da vermutlich einige der Vorredner ihr Zeitkontingent überziehen werden und der Hunger der Teilnehmer eine Ausdehnung Ihrer Redezeit in die geplante Pause hinein nicht zulässt.

Charts überspringen

Das Emergency-Briefing besteht in diesem Fall darin, sich die eigene Chartabfolge zu vergegenwärtigen und zu entscheiden, welche der Charts im Bedarfsfall übersprungen werden können. Damit Sie dies in der Präsentation dann auch entsprechend umsetzen können, müssen Sie sich einerseits die betroffenen Chartnummern merken oder aufschreiben und andererseits die notwendigen Tastaturbefehle für das Ausblenden, das gezielte An- und Überspringen von Charts sowie die Taste für die Schwarzschaltung des Beamers kennen. Auch ist es hilfreich, sich den *Freeze-Befehl,* der bei vielen Beamern über die Beamer-Fernbedienung abgerufen werden kann, näher anzusehen. Mit Freeze können Sie den Beamer dazu „überreden" ein Bild eine Weile stehen zu lassen, während Sie im Hintergrund, für die Zuschauer unsichtbar, die eigenen Charts weiterblättern, die Sie überspringen möchten.

Tipp

Für den Umgang mit PowerPoint sind die folgenden Befehle in der beschriebenen Situation interessant: *Drücken einer oder mehrerer Zifferntasten gefolgt von der Betätigung der Zeilenschaltung* hat zur Folge, dass das Chart mit der eingegebenen Nummer direkt angesprungen wird. Dies funktioniert sowohl vorwärts als auch rückwärts und ist daher auch für Zwischenfragen, die auf ein bestimmtes Chart Bezug nehmen, hilfreich. Mit der Taste *B* oder der Taste *S* (in Abhängigkeit von der installierten Betriebssystem- und Softwarebasis) können Sie den Bildschirm Ihres Notebooks auf *Schwarz* umschalten. Mit einem einfachen Klick oder durch erneutes Drücken der Taste setzen Sie dann Ihre Präsentation fort. Wissen Sie bereits vor der Präsentation, dass

Sie ein Chart nicht zeigen werden, dann können Sie dieses über die Befehlsfolge *Bildschirmpräsentation → Folie ausblenden* ausblenden und bei Bedarf dennoch mit der zugehörigen Chartnummer anspringen.

Zwischenfragen und Störungen

Ein zweiter Komplex, der in Präsentationssituationen zur Improvisation zwingt, ist der Umgang mit Zwischenfragen und Störungen. Selbstverständlich können Sie auch für diese Situationen ein Emergency-Briefing durchführen, allerdings hege ich dann die Befürchtung, dass die Vielzahl der möglichen Zwischenfragen und die Masse an potenziellen Störungen eher dazu führt, dass Sie sich fragen, ob Sie sich auf den Stress einer Präsentation wirklich einlassen wollen. Aus diesem Grund gehe ich jetzt mit Ihnen nur einige wichtige Verhaltensregeln durch, die die Basis für ein souveränes Auftreten vor Publikum in schwierigen Situationen darstellen.

Störungen

Stellen Sie sich vor, Sie sind gerade mitten in der Präsentation und plötzlich klingelt bei einem der Teilnehmer das Mobiltelefon. Dieser nimmt den Anruf an, spricht laut mit dem Anrufer, während er entschuldigend nickend den Raum verlässt und kurze Zeit später, wieder die Aufmerksamkeit aller Zuhörer auf sich ziehend, den Raum betritt und sich setzt.

Viele Präsentatoren machen in einer solchen Situation den Fehler, dass Sie den kompletten Auftritt ignorieren, ihre Rede ungerührt fortsetzten und damit ein klares Signal senden: Dem Redner ist es egal, ob er die Aufmerksamkeit aller hat oder nicht. Das korrekte Vorgehen in einem solchen Fall besteht darin, mit dem Klingeln des Telefons die Präsentation zu unterbrechen, sofort Blickkontakt mit dem Verursacher aufzunehmen und schweigend auszuharren, bis dieser den Raum verlassen hat. Dann setzen Sie die Präsentation fort. Sobald derjenige erneut den Raum betritt, unterbrechen Sie wieder, sprechen die Situation an und nutzen die Gelegenheit eine Spielregel dafür aufzustellen, wie im weiteren Verlauf mit Störungen durch Mobiltelefone verfahren werden soll. Wesentlich ist bei diesem Vorgehen, dass der Redner höflich klar macht, dass er nicht gewillt ist, derartige Störungen hinzunehmen und dass er durch die Unterbrechung seiner Präsentation auch die anderen Teilnehmer das Gefühl der Störung miterleben lässt.

Ich empfehle Ihnen ein solches Vorgehen auch bei anderen Arten von Störungen, beispielsweise dann, wenn ein Teilnehmer zu spät kommt. Unterbrechen Sie, nehmen Blickkontakt zu demjenigen auf und warten ab, bis er sich gesetzt hat. Sie werden sehen, es braucht in diesem Fall keine weiteren Worte. Der „Zuspätkommer" wird versuchen so schnell wie möglich Platz zu nehmen, um erstens aus der Aufmerksamkeit der anderen Teilnehmer zu rücken und zweitens so wenig wie möglich das Gefühl haben zu müssen, dass er die Präsentation stört. Versuchen Sie einmal so zu verfahren, wenn zwei Teilnehmer beginnen, mit einander zu tuscheln. Schweigen Sie, treten Sie gegebenenfalls einen Schritt auf die Betroffenen zu und beobachten dann die Reaktion.

Zwischenfragen

In vielen meiner Seminare stellte sich heraus, dass die Teilnehmer ihre Redeangst hauptsächlich der Befürchtung verdankten, etwaigen Zwischenrufen oder persönlichen Angriffen nicht gewachsen zu sein. Um den Teilnehmern diese Angst zu nehmen verwenden wir häufig einen großen Teil der Seminarzeit darauf, den Umgang mit Fragen und Zwischenrufen zu trainieren. Im Laufe der Zeit hat sich dabei herausgestellt, dass eine gute Präsentationsvorbereitung bereits die „halbe Miete" zur Handhabung der genannten Situationen darstellt.

Stellen Sie sich einmal vor, Sie erzählen eine wirklich packende Geschichte. Sie sprechen bildhaft, die Handlung ist spannend und läuft auf ein fulminantes Ende hinaus. Glauben Sie, dass Sie bei solch einer Präsentation durch Zwischenfragen unterbrochen werden?

Je schlüssiger Ihr Präsentationsaufbau ist, desto weniger ungeplante Zwischenfragen. Das ist die einfache Formel. Wenn Sie dann noch Interaktion in Ihrem Storyboard eingeplant haben, definieren Sie den genauen Zeitpunkt für den Dialog und können Sie sich inhaltlich erstklassig darauf vorbereiten.

Deeskalation

Sollte es dennoch einmal zu einer Situation kommen, in der ein Zwischenfrager versucht, Ihre Präsentation durch persönliche Angriffe zu stören, so sollten Sie zunächst die Strategie der

Deeskalation bevorzugen. Vermeiden Sie es den anderen durch Schlagfertigkeit und Lacher auf seine Kosten zu reizen. Versuchen Sie im Gegenteil die Frage auf Ihren *Sachgehalt* zu reduzieren und antworten Sie ihm dann kurz und sachlich. In den meisten Fällen fällt der Angriff mit so einer Reaktion in sich zusammen.

Tipp

Manchmal empfiehlt sich bei einem unsachlichen Einwurf auch die Methode *indirekter Freistoß*. Im Fußball zählt ein erzieltes Tor bei einem indirekten Freistoß nicht, wenn außer dem Freistoßschützen kein anderer Spieler den Ball berührt hat, bevor er ins Tor ging. Unsachliche Einwürfe, denen Sie keine Beachtung schenken, verfehlen ihre Wirkung ebenso wie das oben erzielte Tor.

Die Verständnisfragen beantworten

Häufig werden von den Zuhörern auch Fragen gestellt, die dazu dienen, das Verständnis für die vorgetragenen Inhalte zu verbessern. Fälschlicherweise fühlen sich viele Redner auch durch diese Art von Fragen angegriffen. In den meisten Fällen liegt dies daran, dass ihnen völlig entgangen ist, dass es den Zuhörern um die Sache und nicht um eine Störung ging.

Daher ist es sinnvoll, immer dann, wenn Sie sich über die Absicht einer Frage nicht ganz sicher sind, diese inhaltlich zusammenzufassen und anschließend an den Zuhörer zurückzugeben: „Habe ich Sie richtig verstanden, Sie fragen nach ..." Auf diese Art gewinnen Sie zunächst Zeit und Sie haben die Gelegenheit, zu überprüfen, ob Ihre Interpretation der Frage stimmt. Erst danach antworten Sie auf die Frage.

Beachten Sie jedoch auch in diesem Fall, dass Ihre Antwort kurz ausfällt und unmittelbar zur Rede zurückführt. Je länger und weitschweifiger eine Antwort ist, desto größere Angriffsflächen bieten Sie für weitere Zwischenfragen, so dass Sie in Gefahr laufen, Ihren roten Faden zu verlieren.

Tipp

Manchmal antworten Redner auf Zwischenfragen „wie aus der Pistole geschossen". Damit erwecken Sie aber häufig beim Zuhörer den Eindruck, dass die Frage nicht richtig ernst genommen wurde. Souveräne Redner lassen sich hingegen mit einer Antwort – selbst dann wenn sie die Antwort sofort parat hätten – einen kurzen Augenblick Zeit. Dieser Augenblick des Nachdenkens wertet die Antwort für den Zuhörer auf.

Fragen zurückstellen

Je ausgefeilter Ihre PowerStory jedoch ist, desto störender kann sich eine zum falschen Zeitpunkt gestellte Frage auf den Spannungsbogen der Rede auswirken. In solch einem Fall dürfen Sie die Frage jederzeit zurückstellen. Jedoch sollten Sie dann, wenn Sie wieder auf die Frage zu sprechen kommen, den Zuhörer direkt ansprechen: „Und jetzt der Punkt, nach dem Sie mich zuvor gefragt haben. ...“ Durch diese direkte Ansprache machen Sie deutlich, dass Sie keine Zwischenfrage einfach zurückstellen, um sie dann heimlich zu unterschlagen, sondern Sie machen klar, dass Sie Fragen nicht vergessen, sondern lediglich zum geeigneten Zeitpunkt beantworten.

Tipp

Sie können Ihre Bereitschaft, eine Frage zu einem späteren Zeitpunkt zu beantworten, auch dadurch unterstreichen, dass Sie sich eine kurze Notiz aufschreiben. Damit machen Sie im Augenblick deutlich, dass Ihnen die Frage wichtig ist und Sie in jedem Fall darauf zurückkommen werden. Dies ist für den Zuhörer beruhigend und er kann sich danach wieder voll auf Ihre Präsentation konzentrieren.

Antworten im Team

Präsentieren Sie im Team, dann sollten Sie im Falle einer Zwischenfrage durch das Publikum unbedingt Blickkontakt zueinander aufnehmen. So können Sie sich gegenseitig signalisieren, wer die Frage beantworten wird. Häufig ist der „Nicht-Redner“ eher in der Lage die sachlichen Zwischentöne einer Frage zu hören als der unter starker emotionaler Anspannung stehende Präsentierende.

Wenn sie keine Antwort wissen

Und was, wenn Sie einmal keine Antwort auf eine Frage wissen? Auch das ist eine völlig normale Situation. Bevor Sie sich in solch einer Situation auf das „Glatteis“ begeben, sollten Sie ganz offen sagen, dass Sie im Augenblick keine Antwort parat haben, dass Sie aber jederzeit bereit sind, die Antwort nach der Rede zu recherchieren und dem Fragenden und dem interessierten Publikum zur Verfügung zu stellen.

15 Das Nachspiel nutzen

In der Vorstellung der meisten Präsentatoren ist die Präsentation mit den letzten Worten der Rede abgeschlossen. Doch in der Praxis schließt sich meist noch eine Diskussion mit dem Publikum an, die dem Redner die Chance bietet, seine Inhalte und Botschaften in einer dialogischen Situation zu verstärken. Es entsteht eine wichtige Nach-Präsentationssituation. Damit Sie diese optimal nutzen, ist es jedoch notwendig, dass Sie auch das Nachspiel vorbereitet haben.

Die Diskussion vorbereiten

Die erste Frage, die Sie sich bei der Vorbereitung der Diskussion stellen sollten, lautet:

Über welche Punkte möchte ich diskutieren?

Dadurch, dass Sie festlegen worüber Sie sprechen möchten, können Sie auf den Diskussionsgegenstand gezielt Einfluss nehmen. Nehmen wir einmal an, Sie haben ein Projekt mit Maßnahmen vorgestellt, die zur Realisierung ergriffen werden müssen. Ihr Interesse ist es über die weiteren Schritte zu diskutieren, nicht aber darüber, ob dieses Projekt sinnvoll ist oder nicht. Nun eröffnen Sie die Diskussion mit folgender Frage an Ihr Publikum: „Welche Fragen haben Sie an mich?" Mit dieser Formulierung geben Sie die Verantwortung für die folgenden Inhalte aus Ihrer Hand in die Hände des Publikums. Fragen Sie hingegen „Welche Fragen haben Sie bezüglich der nächsten Schritte?", so führen Sie Ihr Publikum gedanklich bereits in die Richtung, in der Ihre Interessen liegen. Die Wahrscheinlichkeit, dass die erste Frage des Publikums dann auch in Richtung der konkreten Maßnahmen zielt, steigt gegenüber der erstgenannten Fragestellung deutlich an.

Da dieses Verfahren der zielführenden Fragen eine wesentliche Rolle für die Steuerung einer Diskussionssituation nach einer Präsentation darstellt, empfehle ich Ihnen, einige solcher Fragen vorzubereiten. Sie können diese außer zu Beginn einer Diskussion auch während der Diskussionsrunde einsetzen, beispielsweise dann, wenn das Thema von Ihren Inhalten abzudriften droht.

Zielführende Fragen

Denken Sie bei der Vorbereitung der Fragen auch an die unter dem Stichwort *Rhetorische Beteiligung* in Kapitel 9 bereits dargelegten Frageformen. Auch in der Diskussionsrunde ist es für Sie notwendig zu wissen mit welcher Absicht Sie eine Frage stellen und somit zu entscheiden, ob die *geschlossene*, die *thematisch begrenzte* oder die *offene Frage* geeignet ist.

Die zweite Frage, die Sie sich zur Vorbereitung der Diskussionsrunde stellen sollten, lautet:

Welche Inhalte möchte ich mit Hilfe der Diskussion weiter vertiefen und mit zusätzlichem Material und zusätzlichen Argumenten unterfüttern?

Diese Frage stellt sich insbesondere dann, wenn Ihre Redezeit durch Vorgaben des Publikums oder des zeitlichen Rahmens begrenzt war. Denn sind Sie entsprechend vorbereitet, dann können Sie Ergänzungen zu Ihrer Präsentation auf Rückfrage oder als Teil eines Ihrer Diskussionsbeiträge „spontan" liefern. Sie müssen die entsprechenden Inhalte jedoch ausreichend vorbereitet, bereits an eine Diskussionssituation angepasst parat haben. Im Idealfall sind dies mehrere „Mini-Präsentationen" à ca. drei Minuten Dauer, die Sie bei Bedarf halten können. Die Begrenzung auf drei Minuten ist deswegen sinnvoll, weil damit der Charakter der Diskussion erhalten bleibt und Sie nicht in eine klassische Redesituation zurückfallen.

Auch hierzu ein Beispiel: Angenommen, die zur Verfügung stehende Redezeit ließ es nicht zu, ein besonders anschauliches Fallbeispiel zu visualisieren; durch Fragen lenken Sie die Diskussion an den Punkt, an dem Sie gebeten werden ein Beispiel zu geben. Sie nutzen diese Gelegenheit, indem Sie Ihre Präsentation durch einen Klick mit der Maus fortsetzen und „zufällig" gerade dieses Beispiel mit PowerPoint-Folien zur Hand haben und innerhalb der genannten drei Minuten präsentieren. Anschließend stellen Sie dem Publikum eine zielführende Frage und setzen die Diskussion fort.

Die Mini-Präsentation

Tipp

Um so reagieren zu können wie in diesem Beispiel beschreiben, ist es notwendig, dass Ihr Präsentationsequipment stets einsatzbereit ist und nicht erst langwierig hochgefahren werden muss. Beenden Sie daher Ihre offizielle Präsentation am besten mit einer schwarzen Folie. Für das Publikum ist damit der Beamer ausgeschaltet. Wenn Sie jetzt im Laufe der Diskussion zusätzliche Folien zeigen möchten, reicht ein Klick aus und Sie sind wieder im Präsentationsmodus. Hilfreich ist es außerdem, eine Liste mit allen Foliennummern einer Präsentation ausgedruckt dabei zu haben. So können Sie bei Bedarf direkt durch Eingabe der Foliennummer in Verbindung mit der Return-/Enter-Taste benötigte Charts aufrufen. Dies funktioniert auch mit ausgeblendeten Charts, die im Standardpräsentationsmodus nicht angezeigt werden.

Anstelle von Präsentationsfolien können Sie bei kleineren Gruppen auch mit Hilfe des Flip-Charts oder auf einem Whiteboard ergänzende Präsentationsinhalte visualisieren. Gedanklich sollten Sie die Visualisierung jedoch exakt vorbereitet haben, damit Sie die zur Verfügung stehende Zeit optimal zur Präsentation Ihrer Inhalte nutzen können.

Die Diskussion führen

Der klassische Einstieg in die Diskussion nach der Präsentation beginnt durch die vorab beschriebene zielführende Frage zu einem Themenbereich. Allerdings nur dann, wenn Sie während Ihrer Präsentation keine Fragen bis zur Diskussionsrunde zurückgestellt haben. Ist dies der Fall, dann ist es nun Ihre Aufgabe, die einzelnen Fragen nochmals aufzugreifen und zu beantworten.

Der Redeanteil für Zuhörer

Während der Diskussion sollten Sie darauf achten, Ihren Zuhörern genügend Redeanteil einzuräumen. Eine Aufteilung von mindestens 50 : 50 ist in dieser Phase angemessen. Schließlich brauchen Sie aktive Zuhörer um herauszufinden, inwieweit es Ihnen gelungen ist Ihre Inhalte zu vermitteln und welche Inhalte Sie noch ergänzen müssen. Fragen Sie daher gezielt nach, um Missverständnisse und Lücken im Verständnis jetzt zu klären und Probleme in der Folge zu vermeiden.

Vereinbarungen treffen

Ferner ist es in den meisten Diskussionen wichtig, verbindliche Vereinbarungen für das weitere Vorgehen und die künftige Zusammenarbeit zu treffen. Damit entfernen Sie sich immer mehr von der Präsentationssituation. Nun sind es die klassischen Techniken der Gesprächsführung wie zuhören, spiegeln, verbalisieren, paraphrasieren und argumentieren, die von Ihnen genutzt werden sollten. Versuchen Sie sich aktiv in die Situation und die Bedürfnisse Ihrer Gesprächspartners einzufühlen und vermeiden Sie es in dieser Schlussphase der Begegnung, zu dominant (präsentativ) und zu sehr aus Ihrem Blickwinkel heraus zu agieren.

16 Etwas zurücklassen

Was bleibt von Ihrer Präsentation, nachdem Sie sie gehalten haben und gegangen sind? Meist bleiben einzelne Eindrücke: Aussagen, die Sie getroffen haben, die eine oder andere Folie sowie Assoziationen, die die Zuhörer individuell unterschiedlich mit Ihrer Präsentation verbinden sowie die individuelle Wirkung Ihrer Person.

Nun können Sie die Zuhörer in diesem undefinierten Zustand lassen, oder Sie lassen etwas zurück, was auch im Nachhinein Ihre Inhalte und Botschaften unterstreicht. Vielleicht denken Sie dabei sofort an die klassischen Handouts – die Ausdrucke aller PowerPoint-Charts Ihres Vortrags? Damit liegen Sie im Rahmen „normaler" klassischer Präsentationen innerhalb der eigenen Arbeitsgruppe sicherlich richtig. Um eine PowerStory zu unterstreichen sollten Sie jedoch auch einem Handout eine höhere Aufmerksamkeit als sonst üblich widmen.

Das Buch zum Film

Ist ein Film oder eine Fernsehserie besonders erfolgreich, dann erscheint kurze Zeit später meist das *Buch zum Film*. Gab es das Buch schon vor dem Film, dann wird in Neuauflagen der Klappentext angepasst oder es schmückt bei der vorhandenen Auflage ein entsprechender Aufkleber den Einband. Bei Fernsehserien ist es darüber hinaus noch üblich, dass die Bücher Hintergrundinformationen zu den Schauspielern und zur Story enthalten.

Ähnlich sollten Sie es bei einem hochwertigen Handout (Booklet) im Anschluss an Ihre Präsentation halten. Ich empfehle Ihnen dazu, die Folien ca. im Format DIN A6 auszudrucken und an der Seite zu binden. So kann es derjenige, der Ihre Präsentation „in die Hand nimmt", bequem von vorne nach hinten durchblättern und er erlebt die Präsentation wie in einer Art

Daumenkino nochmals. Beachten Sie dabei jedoch, dass Animationen oder ein stufenweiser Aufbau einer Gliederung in einem Booklet eher stören, da der Redner mit seinen Ergänzungen fehlt. Verwenden Sie also nur die Charts, die in Ihrer Gesamtheit für sich sprechen.

Hilfreich ist es auch, wenn Sie in Ihrem Booklet zwischen einzelnen wichtigen Charts Textseiten einfügen. Auf diesen stehen dann Erläuterungen zu den Stichworten der Folien. Diese Seiten ersetzen quasi den fehlenden Redner. Sie können sich ein fertiges Booklet vorstellen wie einen Landschaftsbildband; viele Seiten, auf denen nur die Landschaftsaufnahmen selber zu sehen sind, und dazwischen einzelne erläuternde Texte. Wenn Ihr Drucker duplexfähig ist, dann können Sie beispielsweise auch die Rückseiten der Charts bedrucken und so durch Text auf der linken Seite die Folie auf der rechten Seite näher erläutern. Gehen Sie aber trotz dieser Möglichkeiten sparsam mit ergänzenden Texten um.

Fanartikel

Ich gebe zu, der Begriff Fanartikel ist im Zusammenhang mit einer Präsentation ungewöhnlich und provozierend gewählt. Meine Intention bei der Verwendung des Begriffes besteht jedoch darin, Ihnen deutlich zu machen, welche Auswirkungen ein guter Film – und analog dazu eine gute Präsentation – haben kann.

Nach einem mitreißenden Film suchen die Zuschauer einen Fanartikelshop auf und kaufen sich die Dinge, die sie an den Film erinnern werden, CDs, Tassen, Kappen oder Mousepads. Die Begeisterung für den Film wird also in der Bereitschaft ausgedrückt, sich mit Artikeln zu „schmücken“, die den Besuch des Films gegenüber der Umwelt dokumentieren oder die einen selbst immer wieder positiv stimulieren, weil sie an ein schönes Erlebnis erinnern.

Nach einer begeisternden Präsentation ist diese Bereitschaft sicherlich auch vorhanden, doch meist fehlt der Fanartikelshop, den die Zuhörer aufsuchen könnten. Aus diesem Grund sollten Sie sich Gedanken darüber machen, welche „Fanartikel“ Sie Ihren Zuhörern mitgeben könnten. Dabei ist es für die Förderung der Bereitschaft den Artikel in exponierter Weise einzusetzen entscheidend, dass der Artikel nicht eines Ihrer Standard-Werbegeschenke darstellt, sondern unmittelbar auf die aktuelle Präsentation bezogen ist. Denn nur das unmittelbare Erlebnis führt dazu, dass der eigene Schreibtisch oder die Bürowand mit Ihrem Artikel geschmückt wird und der Zuhörer Sie, Ihre Inhalte und ggf. den Kontakt über eine auf dem Artikel angebrachte Web-Adresse präsent behält. Das Standard-Werbeartikel-Mousepad wird es kaum schaffen ein bereits vorhandenes Mousepad zu ersetzen und wenn, dann nur dadurch, dass das vorhandene bereits völlig zerschlissen ist und so oder so ausgetauscht werden sollte.

Förderlich für die Bereitschaft, einen Fanartikel in der eigenen Umgebung anzubringen ist es außerdem, wenn der Fanartikel als solcher „nützlich" – im Sinne von benutzbar – ist. Bildete die Auseinandersetzung mit der Konkurrenz einen zentralen Part in Ihrer Präsentation, so stellt eine Dartscheibe mit dem Logo der Konkurrenz als Zielmotiv einen „nützlichen" Fanartikel dar. Aber auch ein Fachbuch oder eine Checkliste in Form eines Word-Formulars für den Arbeitsplatz-PC können „nützliche" Fanartikel sein, sofern der Bezug zur Präsentation nicht der vermeintlichen „Nützlichkeit" geopfert wird.

Ziel eines „Fanartikels" ist es einen dauerhaften Merker zu setzen, der Ihnen hilft mit Ihren Inhalten und als Person in Erinnerung zu bleiben.

Minimalprogramm – Visitenkarte

Kein Gespräch ohne den vorherigen Austausch von Visitenkarten. Soweit der Standard. Doch auch hier gibt es gewaltige Unterschiede. Während die Mitarbeiter des einen Unternehmens über Jahre hinweg die einmal gelayoutete Visitenkarte verteilen, lassen andere Unternehmen ihre zentralen Botschaften, wie sie zum Beispiel auch in jeder Präsentation aufzutauchen haben, auf Visitenkarten drucken. Die Visitenkarten werden regelmäßig aktualisiert, so dass jeder Mitarbeiter die Karte auch als Inhaltsträger verwenden kann.

Meiner Ansicht nach ist die letztgenannte Variante ein cleverer Schachzug, wird der Zuhörer bei einem späteren Blick auf die Visitenkarte doch automatisch mit einem Teil der Präsentationsinhalte konfrontiert. Dennoch ist die Variante, sich alleine auf die Visitenkarten zu beschränken, im Vergleich zu den beiden vorhergehenden Methoden etwas zu hinterlassen nur als Minimalprogramm zu betrachten.

17 Inszenierungen jenseits PowerPoint

Dieses Buch ist von der Konzeption her vollständig auf das Zusammenspiel zwischen Redner und PowerPoint und auf die Möglichkeiten ausgerichtet mit PowerPoint Geschichten zu erzählen. Dabei brauchte (und braucht) die klassische Redekunst kein PowerPoint um das Publikum wirksam anzusprechen. In der klassischen Rhetorik ist die *narratio*, die Erzählung, ein wesentlicher Bestandteil der Rede, der ohne Medien auskommt und alleine von der Kunstfertigkeit des Redners im Gebrauch der Sprache und der rhetorischen Stilmittel bestimmt wird. Dennoch sehe ich die Ergänzung der Rede um visuelle Hilfsmittel als eine Möglichkeit an, einen Qualitätssprung in der narrativen Wirkung der Rede zu erreichen. Dabei ist PowerPoint allerdings nicht immer das Mittel erster Wahl.

Stärker als mit diesem „Konserven-Medium" lassen sich Bilder in den Köpfen des Publikums verankern, wenn sie live erlebt werden können, wenn sie vor den Augen des Publikums entstehen. Die Story auf der Bühne, die Geschichte, die gespielt und nicht nur vorgetragen wird:

Theater auf der Rednerbühne

Vor einigen Jahren habe ich einmal einem Vortrag beigewohnt, der zum Ziel hatte mit Vorurteilen gegenüber dem Berufsbild von Sekretärinnen aufzuräumen und den vorherrschenden Bildern moderne, entstaubte gegenüber zu stellen. Der Vortrag begann mit einer perfekten Inszenierung. Die Rednerin erschien und ließ sich vor dem Publikum an einem Schreibtisch nieder. Dann begann sie sich in aller Ruhe die Fingernägel zu lackieren, bis sie durch das Klingeln des Telefons aus ihrer Konzentration gerissen wurde. Barsch meldete sie sich und beendete das Gespräch kurz und knapp mit einigen rüden Sätzen. Nachdem sie sich anschließend die Fingernägel zu Ende lackiert und sorgfältig das Fläschchen mit Nagellack verschlossen hatte, stand sie auf, trat damit aus der gespielten Rolle heraus, und begann ihren Vortrag mit den Worten: „Das, meine Damen und Herren, ist doch das typische Klischee einer Sekretärin, das die meisten von uns noch in ihren Köpfen mit sich herumtragen. Ich werde Ihnen heute zeigen, wie sehr doch die Realität von diesem Bild abweicht."

Das Publikum war beeindruckt. Eine perfekte Inszenierung des Einstiegs mit einer perfekten Überleitung zur Rede selbst. Jede PowerPoint-Folie hätte die Wirkung dieses Vortrags geschmälert. Stattdessen zeigte die Rednerin während ihrer Rede immer wieder auf den jetzt leeren Schreibtisch, rief damit das Bild der Einleitung erneut hervor und kontrastierte es mit ihren jeweiligen Redeinhalten. Ich bin sicher, diese Rede werden die wenigsten der damaligen Zuhörer vergessen haben.

Präsentation mit Masken

Eine andere Form von inszenierter Präsentation beeindruckt mich immer wieder neu: Die Präsentation mit neutralen Masken. Das Inszenierungskonzept dabei ist relativ einfach, ein Präsentator, zwei Maskenspieler. Während der Präsentator spricht verharren die Masken in der Bewegungslosigkeit, wenn der Präsentator schweigt agieren die Masken, indem sie den Gegenstand der Präsentation durch Gesten und gezielte Betrachtung in den Mittelpunkt der Zuschauer-Beobachtungen rücken. Die Wirkung ist geradezu magisch: die langsamen Bewegungen der Maskenspieler und die scheinbar gesichtslosen weißen Masken führen zu einer geradezu atemlosen Konzentration der Betrachter auf die jeweiligen Szene. In einem meiner Seminare wurde einmal mit dieser Technik ein Einrichtungskonzept präsentiert; ich bin auch jetzt – fünf Jahre später – noch in der Lage die Anordnung der Möbel, die Blumen, Tischdecken und die verwendeten Farben zu skizzieren, derart intensiv war die Wirkung, die vom Spiel der Masken ausging. ➲ **Chart 30**

Tipp

Wirkungsvolles Spiel mit Masken ist nicht einfach. Exakte Bewegungen sowohl des Körpers als auch des Blickes sind notwendig, um den zuvor beschriebenen Zauber zu erreichen. Laien bewegen sich in der Regel zu schnell und arbeiten mit der Maske zu unfokussiert. Aus diesem Grund rate ich Ihnen, für eine Maskenpräsentation erfahrene Maskenspieler zu holen.

Präsentation im Dunkeln

Nahezu vollständig auf visuelle Hilfsmittel verzichtet wird bei einer Präsentation im Dunkeln. Dabei werden die Zuhörer in einen vollständig abgedunkelten Raum geführt. Jeder erhält seinen Platz und dann beginnt der Vortrag. Eine Stimme, die keinen Körper hat, entwickelt eine ganz eigene Wirkung:

Chart 30 Präsentation mit Masken

- Betonungen werden durch den Wegfall visueller Eindrücke verstärkt,
- Pausen deutlich hervorgehoben und
- der Rhythmus mit wechselnden Tempi wird von den Zuhörern ohne sonstige Ablenkungen intensiver wahrgenommen.

Allerdings muss der Redner auch in der Lage sein, seine Stimme gezielt einzusetzen um die beschriebenen Wirkungen zu erzeugen.

Da eine Rede im Dunkeln zudem nur über eine begrenzte Zeit möglich ist – die Zuhörer laufen sonst Gefahr einzuschlafen – wird bei einer gelungenen Inszenierung nach einer gewissen Zeit mit Licht gespielt. Eine Taschenlampe, die im Dunkel eine Spur hinterlässt, Musik, die den Rahmen zu einer Licht-Choreografie bildet oder schwarzes Theater, bei dem Schwarzlicht nur weiße Kleidung – in der Regel die Handschuhe – illuminiert und so die Dunkelheit kunstvoll nutzt.

Das Spiel mit Licht und Dunkel konnte ich einmal bei der Präsentation eines Angiographie-Systems miterleben. Dabei handelt es sich um ein System der Medizintechnik. Das Spiel mit

Licht und Dunkel ergab sich in dieser Präsentation aus dem unmittelbaren inhaltlichen Zusammenhang, der unter anderem im Bereich Röntgentechnologie – durchleuchten – lag.

Nicht zuletzt kann eine Präsentation im Dunkeln, die mit Helligkeit und der Enthüllung des Präsentationsobjekts endet, die Wertigkeit des Präsentationsobjekts selber deutlich unterstreichen.

Tipp

Völlige Dunkelheit löst bei vielen Menschen ein Gefühl der Panik oder zumindest der Beklommenheit aus. Wenn Sie planen eine Präsentation im Dunkeln durchzuführen, sollten Sie sich darüber im Klaren sein und auf Reaktionen des Publikums, die in diese Richtung weisen, vorbereitet reagieren können. So ist ein Betreuer für die Gruppe in jedem Fall hilfreich, ebenso wie eine Erklärung vor Beginn der Präsentation darüber, wie lange die Dunkelheit anhalten wird.

Allen aufgeführten Möglichkeiten – und dabei handelt es sich nur um einen begrenzten Ausschnitt des Machbaren – ist gemeinsam, dass der Verzicht auf PowerPoint zu Gunsten einer Inszenierung jenseits des Alltäglichen den Grad der Beeindruckung bei den Zuhörern gegenüber der PowerPoint-Präsentation nochmals deutlich steigern kann. Allerdings ist der Vorbereitungsaufwand für eine solche Inszenierung verglichen mit dem ohnehin schon beträchtlichen Aufwand der Vorbereitung einer PowerStory noch deutlich höher. Daher werden solche Inszenierungen eher die Ausnahme bilden, die PowerStory hingegen kann schon morgen Ihr Alltag sein.

Denken Sie nun noch einmal zurück an all die mühseligen Präsentationen, die Sie in der Vergangenheit erlebt haben und lassen anschließend in Ihrem Geist all die Assoziationen vorüber fliegen, die Ihnen bei der Lektüre dieses Buches gekommen sind. Mit PowerStories werden Sie sich von der Masse der Präsentatoren abheben, also suchen Sie Ihre Geschichten und tragen Sie diese dann leidenschaftlich vor!

Anhang – Analogie-Tabelle

Präsentationsinhalt	Analogie	Fundstelle
Nutzung von Konjunkturzyklen für den Aufbau zukunftsweisender Infrastruktur	Ebbe und Flut als Beispiel für einen regelmäßigen Zyklus: Situation eines Küstendorfes, welches täglich mit Ebbe und Flut konfrontiert ist. Das Dorf kann auf die nächste Flut warten und damit immer in den eigenen Grenzen verharren, oder Zeiten der Ebbe nutzen um Dämme zu bauen und dem Meer Land abzutrotzen.	Natur

Gemeinsame Merkmale: Regelmäßiger Zyklus, Nutzung des Zyklus für Investitionen

Einen neuen Anbieter auf dem Markt tolerieren, statt zu bekämpfen und damit die Preise zu ruinieren	Parasiten: In der Natur werden Parasiten von ihren Wirten geduldet, da sie diesen einen Nutzen bringen (z.B. die Schuppen reinigen). Der Versuch die Parasiten zu vernichten würde auch dem Wirt schaden.	Natur

Gemeinsames Merkmal: Kampf / Vernichtung schadet beiden Parteien

Prinzipdarstellung für die Durchführung von Open-Space-Veranstaltungen	Hummeln und Schmetterlinge: Insekten, die von einer Blüte zur nächsten fliegen, sich selber ernähren und quasi nebenbei die besuchten Pflanzen bestäuben	Natur

Gemeinsame Merkmale: Bewegung von einem Ort zum nächsten, sich Dinge (Nahrung) mitnehmen, selber etwas beitragen (Bestäubung)

Präsentationsinhalt	Analogie	Fundstelle
Lancieren eines Trends	Grippeepidemie: Die Infektion einiger weniger mit Grippeviren ist völlig ungefährlich. Erst wenn eine bestimmte Anzahl von Personen betroffen ist, entwickelt sich eine Epidemie – das heißt, das Tempo der Ansteckungen und der Ausbreitungsgrad erhöht sich exponentiell.	Natur / Medizin

Gemeinsame Merkmale: Einzelmaßnahmen / einzelne Kranke lösen keinen Trend / keine Epidemie aus, ab einem bestimmten Punkt beschleunigt sich die Entwicklung

Präsentationsinhalt	Analogie	Fundstelle
Motivation in einer Unternehmenskrise	Boxkampf: Der Boxer blutet aus einem Cut über dem rechten Auge, doch der Kampf ist erst beendet, wenn der Trainer das Handtuch wirft oder der Boxer K.O. geht.	Sport

Gemeinsame Merkmale: Unternehmen / Boxer ist angeschlagen, in beiden „Kämpfen" stehen Sieger und Verlierer noch nicht endgültig fest

Präsentationsinhalt	Analogie	Fundstelle
Warnung vor übertriebener Hoffnung nach ersten Erfolgen bei Geschäftsgründungen	Marathon: Einen Marathon zu laufen ist etwas anderes als auf Kurz- oder Mittelstrecken erfolgreich zu sein (siehe Dieter Baumann bei seinem ersten Marathon in Hamburg 2002). Es braucht eine andere Art von Ausdauer.	Sport

Gemeinsames Merkmal: Erfolg auf kurzen Strecken / nach kurzer Zeit

Präsentationsinhalt	Analogie	Fundstelle
Warnung vor Korruption bei Vergabe von Aufträgen	Doping: Mit illegalen Hilfsmitteln schnell an die Spitze gefolgt von einem steilen Absturz, sobald der Einsatz von Doping entdeckt wird (z.B. Johann Mühlegg bei der Winterolympiade 2002 in Salt Lake City).	Sport

Gemeinsame Merkmale: Illegale Hilfsmittel führen zu persönlichem Vorteil, Risiko der Enthüllung

Präsentationsinhalt	**Analogie**	**Fundstelle**
Einführung von Projektmanagement	Mechanisches Uhrwerk: Viele mechanische Bauteile (Zahnräder, Federn, Lager), die erst wenn sie optimal aufeinander abgestimmt sind maximale Ganggenauigkeit bieten.	Technik

Gemeinsames Merkmal: Präzision wird nur durch Abstimmung der Einzelelemente erreicht

Controlling als Basis erfolgreicher Projektabwicklung und nicht als Bremser	Ariane 5: Am 4.6.1996 startete die Trägerrakete Ariane 5. 37 Sekunden nach dem Start neigte sie sich in rund 3500 m Höhe zur Seite und zerbarst. Ein Software-Fehler in einem unzureichend getesteten Steuerungsprogramm führte zu der Katastrophe. Mit an Bord waren vier rund 430 Mio. Euro teure nicht versicherte Forschungssatelliten.	Technik / Wissenschaft

Gemeinsame Merkmale: Fehler in der Durchführung, finanzielle Auswirkungen

Schlichtung zwischen Konfliktparteien	Doppelspaltversuch: Licht ist sowohl teilchen- als auch wellenartig. Je nachdem was untersucht werden soll, Teilchen oder Wellen, wird ein Teilchen- oder ein Wellendetektor eingesetzt.	Wissenschaft

Gemeinsames Merkmal: Unterschiedliche Sichtweisen

Qualitätsmängel gefährden das Überleben des Unternehmens	Autofahrt mit hoher Geschwindigkeit: Sie fahren mit hoher Geschwindigkeit auf der Autobahn. Plötzlich schert ein Fahrzeug vor Ihnen aus. Sie bremsen, doch die Bremsen Ihres Autos versagen.	Alltag

Gemeinsames Merkmal: Gefährlicher Qualitätsmangel

Präsentationsinhalt	Analogie	Fundstelle
Investitionen in die private Altersvorsorge	Obdachloser Bettler auf der Königsstraße: Auf der Königsstraße in Stuttgart erkennen Sie in einem der obdachlosen Bettler einen ehemaligen Anwalt wieder.	Alltag

Gemeinsames Merkmal: Künftige Situation ist nicht sicher

Vorstellung einer ungewöhnlichen Werbekampagne	Moderne Kunst: An der Frage ob ein einfarbig blaues Bild (monochrom blau, Yves Klein) Kunst ist scheiden sich die Geister. Gleiches gilt für die Installationen von Beuys.	Kunst

Gemeinsames Merkmal: Unterschiedliche Akzeptanz des Dargebotenen

Förderung von Querdenkertum im Unternehmen	Hundertwasser: Maler und Grafiker, der gegen die „Unmenschlichkeit der genormten Stadtarchitektur" aufbegehrte und unter anderem mit der Seilergasse in Wien, dem Autobahnrasthaus Bad Fischau und dem Projekt „Wohnen unterm Regenturm in Plochingen" viel beachtete Architekturakzente setzte.	Architektur

Gemeinsames Merkmal: Querdenker fallen aus dem Rahmen

Motivation den „Blues" zu überwinden und wieder aktiv zu werden	Blues: Das weltliche Gegenstück der afroamerikanischen Musik zum Spiritual; behandelt Heimweh, Geldnöte, Naturkatastrophen, Liebeskummer, Rassendiskriminierung.	Musik

Gemeinsames Merkmal: Schwierige Situation für die Betroffenen

Präsentationsinhalt	Analogie	Fundstelle
Motivation nach einem Fehlschlag im Projekt	Premiere: Erstaufführung (Uraufführung) eines Theaterstückes. Im Volksmund geht einer gelungenen Premiere eine missglückte Generalprobe voraus.	Theater

Gemeinsames Merkmal: Vorläufiger Fehlschlag

Warnung vor der Zustimmung zu einer Fusion, bei der das eigene Unternehmen eigentlich der größere Partner ist	Macbeth: Titelheld der Tragödie von William Shakespeare. Tötete 1040 König Duncan I um den schottischen Thron zu besteigen.	Literatur

Gemeinsames Merkmal: Gefahr geht von einem Vertrauten (von König Duncan in den Adelsstand beförderter Soldat Macbeth / kleinerer Fusionspartner) aus

Leaving the beaten track – das Unternehmen braucht neue Produkte	Langjährige Ehe: In viele langjährige Ehen schleicht sich die Routine ein, es passiert nichts neues mehr. Häufig suchen sich die Partner dann außerehelich Anregungen (Seitensprung).	Beziehungen

Gemeinsames Merkmal: Produkte / Partner verlieren mit der Zeit an Attraktivität

Reaktion des Betriebsrats auf die Ankündigung der Geschäftsführung, das Unternehmen gemäß den Vorschlägen einer Unternehmensberatung umzustrukturieren	Frisch verliebt: Bei frisch verliebten Paaren finden die beiden meist alles am anderen toll. Der Blick erfolgt durch eine rosarote Brille. Meist kommt dann nach einiger Zeit die Ernüchterung.	Beziehungen

Gemeinsames Merkmal: Auf den ersten Blick ist alles prima

Weiterführende Literatur

Ditko, Peter H.; Engelen, Norbert Q.: In Bildern reden. Düsseldorf, 3. Auflage 1999

Flusser, Vilém: Medienkultur. Frankfurt am Main, 1998

Geißlinger, Hans (Hrsg.): Überfälle auf die Wirklichkeit. Heidelberg, 1999

Hartleben, Ralph E.: Werbekonzeption und Briefing. Erlangen, 2001

Johnstone, Keith: Improvisation und Theater. Berlin, 3. Auflage 1997

Langer, Inghard; Schulz v. Thun, Friedemann; Tausch, Reinhard: Sich verständlich ausdrücken. München, 5. Auflage 1993

Mikunda, Christian: Der verbotene Ort oder Die inszenierte Verführung. Düsseldorf, 3. Auflage 1998

Oida, Yoshi: Der unsichtbare Schauspieler. Berlin, 1998

Pricken, Mario: Kribbeln im Kopf. Mainz, 2001

Rösner, Hans; Kroh, Isabelle: Visuelles Gestalten. Frankfurt am Main, 1996

Vogler, Christopher: Die Odyssee des Drehbuchschreibers. Frankfurt am Main, 3. Auflage 1999

Rolf Rüdiger Cichowski

Ihr Weg zum Erfolg

Selbstmanagement, Kommunikation,
Qualifikation, Strategien

Mit 144 Checklisten und Remindern

2002, 248 Seiten, 14 cm × 22,5 cm, gebunden
ISBN 3-89578-186-X
€ 24,90 [D] / sFr 38,00

Fachliche Kenntnisse sind eine Grundlage für beruflichen Erfolg.

Aber Erfolg braucht mehr:

- Persönliche Ziele, Visionen, Strategien.
- Richtiges Auftreten und dazu passendes Erscheinungsbild.
- Situationsgerechte Kommunikation.
- Die Fähigkeit, Situationen und Partner einschätzen zu können.
- Optimalen Einsatz von Arbeitstechniken und -methoden.
- Bereitschaft zu Verantwortung.
- Das passende Umfeld.
- Und nicht zuletzt Motivation, Spannung und Entspannung.

Zu diesen Themenkomplexen präsentiert das Buch eine Fülle an Tipps für Studenten, Berufseinsteiger und angehende Führungskräfte. Unterstützt durch viele praktische Checklisten und Reminder vermittelt es, was in keiner Ausbildung, in keinem Studium unterrichtet wird, aber trotzdem elementar ist für Erfolg und Zufriedenheit im Beruf.

Inhalt

Persönliche Ziele setzen • Auf andere optimal wirken • Richtig zusammenarbeiten • Richtig kommunizieren • Die fachliche Qualitikation muss stimmen • Die richtigen Arbeitstechniken und -methoden anwenden • Visionen entwickeln und durchsetzen • Verantwortung übernehmen • Motivation, Spannung und Entspannung steuern.

Rolf Rüdiger Cichowski hat viele Ebenen beruflichen Erfolgs selbst erlebt: Von der gewerblichen Ausbildung über die Arbeit als Ingenieur und Planer bis zu verschiedenen Führungspositionen in Unternehmen der Elektrizitätsversorgung und benachbarten Gebieten. Bekannt ist er außerdem als Autor und Herausgeber zahlreicher Aufsätze und Bücher.